Réserve

ANDROMEDE
TRAGEDIE.

Repreſentée auec les Machines
ſur le Theatre Royal
de Bourbon.

A ROVEN,
Chez LAVRENS MAVRRY, prés le Palais.

M. DC. LI.
AVEC PRIVILEGE DV ROY,

Et ſe vendent A PARIS,

Chez CHARLES DE SERCY, au Palais,
dans la Salle Dauphine, à la bonne
Foy Couronnée.

A
M. M. M. M.

ADAME,

C'est vous rendre vn
hommage bien secret,
que de vous le rendre ainsi, & ie
m'asseure que vous aurez de la peine
vous mesme à recognoistre que c'est
vous à qui ie dedie cet Ouurage. Ces
quatre lettres Hieroglifiques vous
embarasseront aussi-bien que les autres, & vous ne vous apperceurez ia-

EPISTRE.

mais qu'elles parlent de vous iusqu'à
ce que ie vous les explique. Alors
vous m'auoüerez sans doute que ie
suis fort exact à ma parole, & fort
punctuel à l'execution de vos commandemens. Vous l'auez voulu, &
i'obeys, ie vous l'ay promis, & ie m'ac-
quite. C'est peut-estre vous en dire
trop pour vn homme qui se veut cacher quelque temps à vous-mesme, &
pour peu que vous faciez de reflexion
sur mes dernieres visites, vous deui-
nerez à demy que c'est à vous que ce
compliment s'adresse. N'acheuez pas
ie vous prie, & laissez-moy la ioye de
vous surprendre par la confidence que
vous en doibs. Ie vous en conjure
par tout le merite de mon obeïssance,
& ne vous dy point en quoy les belles
qualitez d'Andromede approchent de
vos perfections, ny quel rapport ses
aduantures ont auec les vostres ; ce se-

EPISTRE.

roit vous faire vn miroir, où vous
vous verriez trop aisément, & vous
ne pourriez plus rien ignorer de ce
que i'ay à vous dire. Preparez-vous
seulement à la receuoir, non pas tant
comme vn des plus beaux spectacles
que la France ait veus, que comme
vne marque respectueuse de l'attache-
ment inuiolable à voftre seruice, dont
fait vœu,

MADAME,

Voftre tres-humble, tres-
obeïssant, & tres-obligé
seruiteur,
CORNEILLE.

ARGVMENT.

Tiré du quatriéme & cinquiéme Livre des Metamorphoses d'Ouide.

ASSIOPE femme de Cephée Roy d'Ethiopie fut si vaine de sa beauté, qu'elle osa la préferer à celle des Nereïdes, dont ces Nymphes irritées firent sortir de la Mer vn Monstre, qui fit de si estranges rauages sur les terres de l'obeïssance du Roy son mary, que les forces humaines ne pouuant donner aucun remede à des miseres si grandes, on recourut à l'Oracle de Iuppiter Ammon. La response qu'en receürent ces malheureux Princes fut vn commandement d'exposer à ce Monstre Andromede leur fille vnique, pour en estre deuorée. Il fallut executer ce triste Arrest, & cette illustre victime fut attachée à vn rocher, où elle n'attendoit que la mort, lors que Persée fils de Iuppiter & de Danaë passant par hazard, jetta les yeux sur elle. Il reuenoit de la conqueste glorieuse de la teste de Meduse qu'il portoit sous son bouclier, & voloit au milieu de l'air, au moyen des aisles qu'il auoit attachées aux deux pieds, de la façon qu'on nous peint Mercure. Ce fut d'elle-mesme qu'il apprit la cause de sa disgrace, & l'amour que ses

ARGVMENT.

premiers regards luy donnerent, luy fit en
mefme temps former le deffein de combatre
ce Monftre, pour conferuer des iours qui luy
eftoient deuenus fi precieux. Auant que d'entrer au combat il eut loifir de tirer parole de
fes parents que les fruits en feroient pour luy,
& receut les effets de cette promeffe, fi-toft
qu'il euft tué le Monftre. Le Roy & la Reyne
donnerent auec grande joye leur fille à fon liberateur, mais la magnificence des nopces
fut troublée par la violence que voulut faire
Phinée frere du Roy & oncle de la Princeffe,
à qui elle auoit efté promife auant fon mal-
heur. Il fe ietta dans le Palais Royal auec vne
troupe de gens armez; & Perfée s'en defendit
quelque temps fans autre fecours que celuy
de fa valeur & de quelques amis genereux:
mais fe voyant prés de fuccomber fous le
nombre, il fe feruit enfin de cette tefte de
Medufe, qu'il tira de fous fon bouclier, &
l'expofant aux yeux de Phinée & des affaffins
qui le fuiuoient, cette fatale veuë les conuer-
tit en autant de ftatuës de pierre, qui feruirent
d'ornement au mefme Palais qu'ils vouloient
teindre du fang de ce Heros. Voilà comme
Ouide raconte cette Fable, où i'ay changé
beaucoup de chofes tãt par la liberté de l'Art,
que par la neceffité des ordres du Theatre, &
pour luy donner plus d'agréement.

En premier lieu i'ay creu plus à propos de
faire Caffiope vaine de la beauté de fa fille,
que de la fienne propre, d'autant qu'il eft fort

ã iij

ARGVMENT.

extraordinaire qu'vne femme dont la fille eſt en âge d'eſtre mariée, ait encore d'aſſez beaux reſtes pour s'en vanter ſi hautement, & qu'il n'eſt pas vray-ſemblable que cet orgueil de Caſſiope pour elle-meſme euſt attendu ſi tard à eſclater, veu que c'eſt dans la ieuneſſe que la beauté eſtant plus parfaite & le iugement moins formé, donnent plus de lieu à des vanitez de cette nature, & non pas alors que cette meſme beauté commêce d'eſtre ſur le retour, & que l'âge a meury l'eſprit de la perſonne qui s'en ſeroit enorgueillie en vn autre temps.

En ſuite i'ay ſuppoſé que l'Oracle d'Ammô n'auoit pas condamné preciſément Andromede à eſtre deuorée par le Monſtre, mais qu'il auoit ordonné ſeulement qu'on luy expoſaſt tous les mois vne fille, qu'on tiraſt au ſort pour voir celle qui luy deuoit eſtre liurée, & que cet ordre ayant deſia eſté executé cinq fois, on eſtoit au iour qu'il le falloit ſuiure pour la ſixieſme.

I'ay introduit Perſée comme vn Cheualier errant qui s'eſt arreſté depuis vn mois dans la Cour de Cephée, & non pas comme ſe rencontrant par hazard dans le temps qu'Andromede eſt attachée au rocher. Ie luy ay donné de l'amour pour elle, qu'il n'oſe deſcouurir, parce qu'il la voit promiſe à Phinée ; mais qu'il nourrit toutefois d'vn peu d'eſpoir, parce qu'il voit ſon mariage differé iuſques à la fin des malheurs publics. Ie l'ay fait plus genereux qu'il n'eſt dans Ouide, où il n'entreprend la de-

ARGVMENT.

liuráce de cette Princesse, qu'apres que ses parens l'ont asseuré qu'elle l'espouseroit, si-tost qu'il l'auroit deliurée. I'ay chágé aussi la qualité de Phinée, que i'ay fait seulement nepueu du Roy dont Ouide le nomme frere : le mariage de deux cousins me semblant plus supportable dans nos façons de viure, que celuy de l'oncle & de la niepce, qui eust pû sembler vn peu plus estrange à mes auditeurs.

Les Peintres qui cherchent à faire paroistre leur Art dans les nuditez, ne manquent iamais à nous representer Andromede nuë au pied du rocher où elle est attachée, quoy qu'Ouide n'en parle point. Ils me pardonneront si ie ne les ay pas suiuis en cette inuention, comme i'ay fait en celle du cheual Pegase, sur lequel ils montent Persée pour combatre le Monstre, quoy qu'Ouide ne luy donne que des aisles aux talons. Ce changement donne lieu à vne machine toute extraordinaire & merueilleuse, & empesche que Persée ne soit pris pour Mercure : outre qu'ils ne le mettent pas en cet équippage sans fondement, veu que le mesme Ouide raconte, que si-tost que Persée eust coupé la monstrueuse teste de Meduse, Pegase tout aislé sortit de cette Gorgone, & que Persée s'en pût saisir deslors pour faire ses courses par le milieu de l'air.

Nos Globes celestes où l'on marque pour constellations Cephée, Cassiope, Persée & Andromede, m'ont donné iour à les faire enleuer tous quatre au Ciel sur la fin de la piece

pour y faire les nopces de ces Amants, comme
si la Terre n'en estoit pas digne.

Au reste, comme Ouide ne nomme point
la ville où il fait arriuer cette Auanture, ie ne
me suis non-plus enhardy à la nommer. Il dit
pour toute chose que Cephée regnoit en
Ethiopie, sans designer sous quel climat. La
Topographie moderne de ces côtrées-là n'est
pas fort connuë, & celle du temps de Cephée
encor moins. Ie me contenteray donc de vous
dire qu'il falloit que Cephée regnast en quelque pays maritime, que sa ville capitale fust
sur le bord de la mer, & que ses peuples fussent
blancs quoy qu'Ethiopiens. Ce n'est pas que
les Mores les plus noirs n'ayent leurs beautez
à leur mode, mais il n'est pas vray-semblable
que Persée qui estoit Grec & né dans Argos,
fust deuenu amoureux d'Andromede, si elle
eust esté de leur teint. I'ay pour moy le consentement de tous les Peintres, & sur tout
l'authorité du grand Heliodore qui ne fon-
de la blancheur de sa diuine Chariclée que sur
vn tableau d'Andromede. Ma Scene sera donc
s'il vous plaist dans la ville capitale de
Cephée, proche de la mer, & pour le nom,
vous le luy donnerez tel qu'il vous plaira.

Vous trouuerez cet ordre gardé dans les
changements de Theatre, que chaque Acte
aussi-bien que le Prologue a sa decoration
particuliere, & du moins vne machine volan-
te auec vn concert de Musique, que ie n'ay
employée qu'à satisfaire les oreilles des spe-

ARGVMENT.

ctateurs, tandis que leurs yeux font arreftez à voir defcendre ou remonter vne machine, ou s'attachent à quelque chofe qui leur empefche de prefter attention à ce que pourroient dire les Acteurs, comme fait le combat de Perfée contre le Monftre : mais ie me fuis bien gardé de faire rien chanter qui fuft neceffaire à l'intelligence de la Piece, parce que communément les paroles qui fe chantent eftant mal entenduës des auditeurs, pour la confufiõ qu'y apporte la diuerfité des voix qui les prononcent enfemble, elles auroient fait vne grande obfcurité dans le corps de l'ouurage, fi elles auoiét eu à inftruire l'Auditeur de quelque chofe d'important. Il n'en va pas de mefme des machines, qui ne font pas dans cette Tragedie comme des agréements détachez, elles en font le nœud & le defnoüiement, & y font fi neceffaires que vous n'en fçauriez retrancher aucune, que vous ne faciez tomber tout l'edifice. I'ay efté affez heureux à les inuenter & à leur donner place dans la tiffure de ce Poëme, mais auffi faut-il que i'aduoüe que le fieur Torrelli s'eft furmonté luy-mefme à en executer les deffeins, & qu'il a eu des inuentions admirables pour les faire agir à propos, de forte que s'il m'eft deu quelque gloire pour auoir introduit cette Venus dans le premier Acte, qui fait le nœud de cette Tragedie par l'Oracle ingenieux qu'elle prononce, il luy en eft deu bien dauantage pour l'auoir fait venir de fi loin & defcendre au milieu

ARGVMENT.

de l'air dans cette magnifique eftoille, auec
tant d'art & de pompe, qu'elle remplit tout
le monde d'eftonnement & d'admiration. Il
en faut dire autant des autres que i'ay intro-
duites & dont il a inuenté l'execution, qui en
a rendu le fpectacle fi merueilleux, qu'il fera
mal aifé d'en faire vn plus beau de cette nature. Pour moy ie confeffe i genuëment que
quelque effort d'imagination que i'aye fait
depuis, ie n'ay pû defcouurir encor vn fuiet
capable de tant d'ornements exterieurs & où
les machines peuffent eftre diftribuées auec
tant de iufteffe : ie n'en defefpere pas toutes-
fois, & peut-eftre que le temps en fera efcla-
ter quelqu'vn affez brillant & affez heureux
pour me faire defdire de ce que i'aduance. En
attendant receuez celuy-cy comme le plus
acheué qui aye encor paru fur nos Theatres,&
fouffrez que la beauté de la reprefentation
fupplée au manque des beaux vers que vous
n'y trouuerez pas en fi grande quantité que
dans Cinna, ou dãs Rodogune, parce que mon
principal but icy a efté de fatisfaire la veuë
par l'efclat & la diuerfité du fpectacle, & non
pas de toucher l'efprit par la force du raifon-
nement, ou le cœur par la delicateffe des paf-
fions. Ce n'eft pas que i'en aye fuy ou negligé
aucunes occafions, mais il s'en eft rencontré fi
peu, que i'ayme mieux aduoüer que cette piece n'eft que pour les yeux.

ACTEVRS.

Dieux dans les Machines.

IVPPITER.
IVNON.
NEPTVNE.
MERCVRE.
LE SOLEIL.
VENVS.
MELPOMENE.
ÆOLE.
CYMODOCE ⎫
EPHYRE ⎬ Nereides.
CYDIPPE ⎭
Huit VENTS.

HOMMES.

CEPHEE Roy d'Ethiopie pere d'Andromede.
CASSIOPE Reyne d'Ethiopie.
ANDROMEDE fille de Cephée & de Cassiope.
PHINEE Prince d'Ethiopie.
PERSEE fils de Iuppiter & de Danaë.
TIMANTE Capitaine des Gardes du Roy.
AMMON amy de Phinée.
AGLANTE ⎫
CEPHALIE ⎬ Nymphes d'Andromede.
LIRIOPE ⎭
Vn Page de Phinée.
Chœur de Peuple.
Suite du Roy.

La Scene est en Ethiopie, dans la ville capitale
du Royaume de Cephée.

DECORATION
DV PROLOGVE.

L'Ouuerture du Theatre prefête de frôt aux yeux des Spectateurs vne vafte montagne, dont les fommets inégaux s'éleuant les vns fur les autres, portent le faifte iufques dans les nuës. Le pied de cette montagne eft percé à iour par vne grotte profonde qui laiffe voir la mer en éloignement. Les deux coftez du Theatre font occupez par vne foreft d'arbres touffus & entrelaffez les vns dans les autres. Sur vn des fommets de la montagne paroift Melpomene, la Mufe de la Tragedie, & à l'oppofite dans le Ciel on voit le Soleil s'auancer dans vn char tout lumineux, tiré par les quatre cheuaux qu'Ouide luy donne.

ANDRO-

ANDROMEDE

TRAGEDIE.

PROLOGVE.

LE SOLEIL, MELPOMENE.

MELPOMENE.

Rreste vn peu ta course impetueuse,
  Mon Theatre, Soleil, merite bien tes
      yeux,
  Tu n'en vis iamais en ces lieux
   La pompe plus majestueuse :
I'ay reüny, pour la faire admirer,
Tout ce qu'ont de plus beau la France & l'Italie,
  De tous leurs Arts mes sœurs l'ont embellie,
Preste-moy tes rayons pour la mieux éclairer.
Daigne à tant de beautez par ta propre lumiere
   Donner vn parfait agrément,
  Et rends cette merueille entiere,
En luy seruant toy-mesme d'ornement.

A

ANDROMEDE

LE SOLEIL.

Charmante Muſe de la Scéne,
Chere & diuine Melpomene,
Tu ſçais de mon deſtin l'inuiolable loy;
Ie donne l'ame à routes choſes,
Ie fais agir toutes les cauſes,
Mais quand ie puis le plus, ie ſuis le moins à moy.
Par vne puiſſance plus forte
Le char que ie conduis m'emporte,
Chaque iour ſans repos doit, & naiſtre, & mourir:
I'en ſuis eſclaue alors que i'y préſide,
Et ce frein que ie tiens aux cheuaux que ie guide
Ne regle que leur route & les laiſſe courir.

MELPOMENE.

La naiſſance d'Hercule & le feſtin d'Atrée
T'ont fait rompre ces loix,
Et tu peux faire encor ce qu'on t'a veu deux fois
Faire en meſme contrée:
Ie dis plus, tu le dois en faueur du ſpectacle
Qu'au Monarque des Lys ie prepare aujourd'huy;
Le Ciel n'a fait que miracles en luy,
Luy voudrois-tu refuſer vn miracle?

LE SOLEIL.

Non, mais ie le reſerue à ces bien-heureux iours
Qu'annoblira ſa premiere victoire,
Alors j'arreſteray mon cours,
Pour eſtre plus long-temps le témoin de ſa gloire.
Pren cependant le ſoin de le bien diuertir,
Et luy faire auec ioye attendre les années,
Qui feront eſclater les belles Deſtinées
Des Peuples que ſon bras luy doit aſſujettir.
Calliope ta ſœur deſia d'vn œil auide
Cherche dans l'auenir les faits de ce grand Roy,
Dont les hautes vertus luy donneront employ
Pour plus d'vne Iliade & plus d'vne Æneide.

MELPOMENE.

Que ie porte d'enuie à cette illustre sœur,
    Quoy que i'aye à craindre pour elle,
Que sous ce grand fardeau sa force ne chancelle !
Mais quel qu'en soit enfin le merite & l'honneur,
    I'auray sur elle au moins cet auantage,
Que desia ie le vois, que desia ie luy plais,
Et que de ses vertus, & que de ses hauts faits,
Desia dans ses pareils ie luy trace vne image.
Ie luy monstre Pompée, Alexandre, César,
Mais comme des Heros attachez à son char,
Et tout ce haut esclat où ie les fais paroistre
Luy peint plus qu'ils n'estoient & moins qu'il ne
        doit estre.

LE SOLEIL.

Il en effacera les plus glorieux noms,
Dés qu'il pourra luy mesme animer son armée,
Et tout ce que d'eux tous a dit la Renommée
Te fera voir en luy le plus grand des Bourbons.
Son pere & son ayeul tous rayonnants de gloire,
Ces grãds Rois qu'en tous lieux a suiuy la victoire,
Luy voyant emporter sur eux le premier rang,
En deuiendroient ialoux s'il n'estoit pas leur sang.
Mais vole dans mon char, Muse, ie veux t'appren-
        dre
Tout l'aduenir d'vn Roy qui t'est si precieux.

MELPOMENE.

Ie sçay desia ce qu'on doit en attendre,
Et ie lis chaque iour son destin dans les Cieux.

LE SOLEIL.

Vien donc, viens auec moy faire le tour du Monde,
    Qu'vnissant ensemble nos voix,
Nous facions resonner sur la Terre & sur l'Onde
Qu'il est & le plus ieune & le plus grand des Rois.

MELPOMENE.

Soleil, i'y vole, attends-moy donc de grace.

LE SOLEIL.

Vien, ie t'attends, & te fais place.

Melpoméne vole dans le char du Soleil, & y ayant pris place auprés de luy, ils vnissent leurs voix, & chantent cet Air à la loüange du Roy ; le dernier vers de chaque couplet est repeté par le Chœur de la Musique.

Cieux escoutez, escoutez mers profondes,
    Et vous antres & bois,
Affreux deserts, rochers battus des ondes,
Redites apres nous d'vne commune voix,
Louys est le plus ieune & le plus grand des Rois.

La Majesté qui desia l'enuironne
    Charme tous ses François,
Il est luy seul digne de sa Couronne,
Et quand mesme le Ciel l'auroit mise à leur choix,
Il seroit le plus ieune & le plus grand des Rois.

C'est à vos soins, Reyne, qu'on doit la gloire
    De tant de grands exploits,
Ils sont par tout suiuis de la victoire,
Et l'ordre merueilleux dont vous donnez ses loix
Le rend & le plus ieune & le plus grand des Rois.

LE SOLEIL.

Voilà ce que ie dis sans cesse
    Dans tout mon large tour :
Mais c'est trop retarder le iour,
Allons, Muse, l'heure me presse,
    Et ma rapidité

Doit regaigner le temps que sur cette Prouince,
    Pour contempler ce Prince,
    Ie me suis arresté.

Le Soleil part auec rapidité, & enleue Mel-
pomène auec luy dans son char pour aller publier
ensemble la mesme chose au reste de l'Vniuers.

FIN DV PROLOGVE.

DECORATION
DV PREMIER ACTE.

CEtte grande masse de montagne, & ces rochers esleuez les vns sur les autres qui la composoient, ayant disparu en vn moment par vn merueilleux artifice, laissent voir en leur place la Ville capitale du Royaume de Cephée, ou plustost la Place publique de cette Ville. Les deux costez & le fonds du Theatre sont des Palais magnifiques tous differents de structure, mais qui gardent admirablement l'egalité & les iustesses de la Perspectiue. Apres que les yeux ont eu loisir de se satisfaire à considerer leur beauté, la Reyne Cassiope paroist comme passant par cette Place publique pour aller au Temple. Elle est conduite par Persée, encor inconnu, mais qui passe pour vn Caualier de grand merite, qu'elle entretient des malheurs publics, attendant que le Roy la rejoigne, pour aller à ce Temple de compagnie.

ACTE I.

SCENE PREMIERE.

CASSIOPE, PERSEE,
Suite de la Reyne.

CASSIOPE.

Enereux incognu, qui chez tous les Mo-
   narques
Portez de vos vertus les esclatantes
  marques,   (yeux
Et dont l'aspect suffit à conuaincre nos
Que vous sortez du sang, ou des Rois, ou des Dieux,
Puisque vous auez veu le sujet de ce crime
Que chaque mois expie vne telle victime,
Cependant qu'en ce lieu nous attendrons le Roy,
Soyez-y iuste iuge entre les Dieux & moy.
Iugez de mon forfait, iugez de leur colere,
Iugez s'ils ont eu droit d'en punir vne mere,
S'ils ont deu faire agir leur hayne au mesme instāt.

PERSEE.

I'en ay desia iugé, Reyne, en vous imitant,
Et si de vos malheurs la cause ne procede
Que d'auoir fait iustice aux beautez d'Andromede,
Si c'est la ce forfait digne d'vn tel courroux,
Ie veux estre à iamais coupable comme vous.

Mais comme vn bruit confus m'apprend ce mal ex-
    trémé,
Ne le puis-ie, Madame, apprendre de vous-mefme,
Pour mieux renouueler ce crime glorieux,
Où foudain la raifon eft complice des yeux ?

CASSIOPE.

Efcoutez. La douleur fe foulage à fe plaindre,
Et quelques maux qu'on fouffre, ou que l'on aye à
    craindre,
Ce qu'vn cœur genereux en monftre de pitié
Semble en noftre faueur en prendre la moitié.

    Ce fut ce mefme iour qui conclud l'Hymenée
De ma chere Androméde auec l'heureux Phinée;
Nos peuples tous rauis de ces illuftres nœuds
Sur les bords de la Mer drefferent force jeux,
Elle en donnoit les prix : difpenfez ma trifteffe
De vous dépeindre icy leur publique allegreffe,
On décrit mal la iòye au milieu des malheurs,
Et fa plus douce idée eft vn fujet de pleurs.
O iour, que ta memoire encore m'eft cruelle !
Androméde iamais ne me parut fi belle,
Et voyant fes regards s'épandre fur les eaux
Pour iouïr, & iuger d'vn combat de vaiffeaux,
Telle, dis-ie, Venus fortit du fein de l'Onde,
Et promit à fes yeux la conquefte du Monde,
Quand elle eut confulté fur leur éclat nouueau
Les miroirs vagabonds de fon flottant berceau.

    A ce fameux fpectacle on vit les Nereïdes
Leuer leurs moites fronts de leurs palais liquides,
Et pour nouuelle pompe à ces nobles ébats
A l'enuy de la terre eftaler leurs appas :
Elles virent ma fille, & leurs regards à peine
Rencontrerent les fiens fur cette humide plaine,
Que par des traits plus forts fe fentants effacer,
Esblouïs & confus ie les vis s'abaiffer,
Examiner les leurs, & fur tous leurs vifages
En chercher d'affez vifs pour brauer nos riuages,

Ie les vis se choisir iusques à cinq & six fois,
Et rougir aussi-tost nous comparant leur choix :
Et cette vanité qu'en toutes les familles
On voit si naturelle aux meres pour leurs filles
Leur cria par ma bouche, *en est-il parmy vous,*
O Nymphes, qui ne cede à des attraits si doux,
Et nierez-vous encor, vous autres Immortelles,
Qu'entre nous la Nature en forme de plus belles ?
Ie m'emportois sans doute, & c'en estoit trop dit,
Ie les vis s'en cacher de honte & de dépit,
I'en vis dedans leurs yeux les viues estincelles,
L'onde qui les receut s'en irrita pour elles,
I'en vis enfler la vague, & la Mer en courroux
Rouler à gros boüillons ses flots iusques à nous.

Ç'eust esté peu des flots, la soudaine tempeste
Qui trouble nostre ioye & dissipe la feste,
Enfante en moins d'vne heure & pousse sur nos
    bords
Vn Monstre contre nous armé de mille morts.
Nous fuyons, mais en vain, il suit, il brise, il tuë,
Chaque victime est morte aussi-tost qu'abbatuë,
Nous ne voyons qu'horreur , que sang de toutes
    parts,
Son haleine est poison, & poison ses regards,
Il rompt, il force tout, & sa fureur qui vole
Nos villes & nos champs de iour en iour desole.

Apres beaucoup d'efforts & de vœux superflus,
Ayant souffert beaucoup & craignant encor plus,
Nous courons à l'Oracle en de telles alarmes,
Et voicy ce qu'Ammon répondit à nos larmes.
    Pour appaiser Neptune, exposez tous les mois
Au Monstre qui le vange vne fille à son choix,
Iusqu'à ce que le calme à l'orage succede :
        Le Sort vous monstrera
        Celle qu'il agréera ;
Differez cependant les nopces d'Andromede. (doux,
    Comme dans vn grand mal vn moindre semble
Nous prenons pour faueur ce reste de courroux,

Le Monstre disparu nous rend vn peu de ioye,
On ne le voit qu'aux iours qu'on luy liure sa proye;
Mais ce remede enfin n'est qu'vn amusement,
Si l'on souffre vn peu moins on craint également,
Et toutes nous tremblons deuant vne infortune
Qui toutes nous menace auant qu'en frapper vne.
La peur s'en renouuelle au bout de chaque mois,
I'en ay creu de frayeur desia mourir cinq fois,
Desia nous auons veu cinq beautez deuorées,
Mais des beautez (Helas !) dignes d'estre adorées,
Et de qui tous les traits plains d'vn celeste feu
Ne cedoient qu'a ma fille, & luy cedoient bien
    peu;
Comme si choisissant de plus belle en plus belle,
Le Sort par ces degrez taschoit d'approcher d'elle,
Et que pour esleuer ses traits iusques à nous
Il essayast sa force & mesurast ses coups.
    Rien n'a pû iusqu'icy toucher ce Dieu barbare,
Et le sixiéme choix auiourd'huy se prépare,
On le va faire au Temple, & ie sens malgré moy
Des mouuements secrets redoubler mon effroy.
Ie fis hier à Venus offrir vn sacrifice
Qui iamais à mes vœux ne parut si propice,
Et toutefois mon cœur à force de trembler
Semble préuoir le coup qui le doit accabler.
    Vous donc, qui cognoissez & mon crime & sa
    peine,
Dites-moy s'il a pû meriter tant de haine,
Et si le Ciel deuoit tant de seuerité
Aux premiers mouuements d'vn peu de vanité.

PERSEE.

Ouy, Madame, il est iuste, & j'aduouëray moy-mes-
    me
Qu'en le blasmant tantost i'ay commis vn blasphé-
    me,
Mais vous ne voyez pas dans vostre aueuglement
Quel grand crime il punit d'vn si grand chastiment.

Les Nymphes de la Mer ne luy font pas fi cheres
Qu'il veüille s'abaiſſer à ſuiure leurs coleres,
Et quand voſtre mépris en fit comparaiſon,
Il voyoit mieux que vous que vous auiez raiſon.
Il vange (& c'eſt de là que voſtre mal procede)
L'injuſtice renduë aux beautez d'Andromede :
Sous les loix d'vn mortel voſtre choix l'aſſeruit !
Cette injure eſt ſenſible aux Dieux qu'elle rauit,
Aux Dieux qu'elle captiue, & ces riuaux celeſtes
S'oppoſent à des nœuds à ſa gloire funeſtes,
En ſauuent les appas qui les ont ébloüis,
Puniſſent vos Sujets qui s'en ſont réjoüis,
Iuppiter reſolu de l'oſter à Phinée
Exprés par ſon Oracle en deffend l'Hymenée,
A ſa flame peut-eſtre il veut la reſeruer,
Ou s'il peut ſe reſoudre enfin à s'en priuer,
A quelqu'vn de ſes fils ſans doute il la deſtine,
Et voila de vos maux la ſecrette origine.
Faites ceſſer l'offence, & le meſme moment
Fera ceſſer icy ſon iuſte chaſtiment.

CASSIOPE.

Vous monſtrez pour ma fille vne trop hauſte eſtime,
Quand pour la mieux flatter vous me faites vn cri-
    me,
Dont la ciuilité me force de iuger
Que vous ne m'accuſez qu'afin de m'obliger.
Si quelquefois les Dieux pour des beautez mortel-
    les
Quittent de leur ſejour les clartez eternelles,
Ces meſmes Dieux auſſi de leur grandeur ialoux
Ne font pas chaque iour ce miracle pour nous.
Et quand pour l'eſperer ie ſerois aſſez folle,
Le Roy dont tout dépend eſt homme de parole,
Il a promis ſa fille, & verra tout perir
Auant qu'à ſe dédire il veüille recourir,
Il tient cette alliance & glorieuſe & chere,
Phinée eſt de ſon ſang, il eſt fils de ſon frere.

PERSEE.

Reyne, le fang des Dieux vaut bien celuy des Rois:
Mais nous en parlerons encor quelqu'autre fois,
Voicy le Roy qui vient.

SCENE II.

CEPHEE, CASSIOPE,
PHINEE, PERSEE,
Suite du Roy & de la Reyne.

CEPHEE.

N'En parlons plus, Phinée,
Et laiſſons d'Andromede aller la Deſtinée.
Voſtre amour fait pour elle vn inutile effort,
Ie la dois comme vne autre au triſte choix du Sort,
Elle eſt cauſe du mal, puiſqu'elle l'eſt du crime,
Peut-eſtre qu'il la veut pour derniere victime,
Et que nos chaſtimens deuiendroient eternels,
S'ils ne pouuoient tomber ſur les vrais criminels.

PHINEE.

Eſt-ce vn crime en ces lieux, Seigneur, que d'eſtre
belle?

CEPHEE.

Elle a rendu par là ſa mere criminelle.

PHINEE.

C'eſt donc vn crime icy que d'auoir de bons yeux
Qui ſçachent bien iuger d'vn tel preſent des Cieux.
CEPHEE.

CEPHEE.

Qui veut en bien iuger n'a point le priuilege
D'aller iusqu'au blasphéme & iusqu'au sacrilege.

CASSIOPE.

Ce blasphéme, Seigneur, dequoy vous m'accusez.

CEPHEE.

Madame, apres les maux que vous auez causez
C'est à vous à pleurer & non à vous defendre,
Voyez, voyez quel sang vous auez fait répandre,
Et ne laissez paroistre en cette occasion
Que larmes, que soûpirs, & que confusion.

a Phinée.

Ie vous le dis encor, elle la creut trop belle,
Et peut-estre le Sort l'en veut punir en elle:
Dérober Andromede à cette eslection,
C'est dérober sa mere à sa punition.

PHINEE.

Desia cinq fois, Seigneur, à ce choix exposée,
Vous voyez que cinq fois le Sort l'a refusée.

CEPHEE.

Si le couroux du Ciel n'en veut point à ses iours,
Ce qu'il a fait cinq fois, il le fera tousiours.

PHINEE.

Le tenter si souuent c'est lasser sa clemence,
Il pourra vous punir de trop de confiance,
Vouloir tousiours faueur c'est trop luy demander,
Et c'est vn crime à vous que de tant hazarder.
Mais quoy, Seigneur, enfin pour cette fille vnique
Point de pitié n'agit, point d'amour ne s'explique?

CEPHEE.

Ah, ne m'arrachez point mon sentiment secret.

B

Phinée, il est tout vray, ie l'expose à regret,
I'ayme que vostre amour en sa faueur me presse,
La Nature en mon cœur auec luy s'interesse,
Mais elle ne sçauroit mettre d'accord en moy
Les tendresses d'vn pere & les deuoirs d'vn Roy,
Et par vne iustice à moy-mesme seuere
Ie vous refuse en Roy ce que ie veux en pere.

PHINEE.

Quelle est cette iustice, & quelles sont ces loix
Dont l'aueugle rigueur s'estend iusques aux Rois?

CEPHEE.

Celles que font les Dieux, qui tous Rois que nous
    sommes
Punissent nos forfaits ainsi que ceux des hommes,
Et qui ne nous font part de leur sacré pouuoir
Que pour le mesurer aux regles du deuoir.
Que diroient mes Sujets si ie me faisois grace,
Et si durant qu'au Monstre on expose leur race,
Ils voyoient par vn droit tyrannique & honteux
Le crime en ma maison & la peine sur eux?

PHINEE.

Heureux sont les Sujets, heureuses les Prouinces
Dõt le sang peut payer pour celuy de leurs Princes.

CEPHEE.

Mais heureux est le Prince, heureux sont ses projets
Quand il se fait iustice ainsi qu'à ses Sujets.
Nostre Oracle apres tout n'excepte point ma fille,
Ses termes generaux comprennent ma famille,
Et ne confondre pas ce qu'il a confondu
C'est se mettre au dessus du Dieu qui l'a rendu.

PERSEE.

Seigneur, s'il m'est permis d'entẽdre vostre Oracle
Ie croy qu'à sa priere il donne peu d'obstacle,

Il parle d'Andromede, il la nomme, il suffit,
Arrestez vous pour elle à ce qu'il vous en dit ;
La séparer long-temps d'vn amant si fidelle
C'est tout le chastiment qu'il semble vouloir d'elle,
Differez son Hymen sans l'exposer au choix.
Le Ciel assez souuent doux aux crimes des Rois,
Quand il leur a monstré quelque legere haine,
Répand sur leurs Suiets le reste de leur peine.

CEPHEE.

Vous prenez mal l'Oracle, & pour l'expliquer
   mieux,
Sçachez,... mais quel éclat vient de frapper mes
   yeux?
D'où partēt ces longs traits de nouuelles lumieres?

PERSEE.

Du Ciel qui vient d'ouurir ses luisantes barrieres,
D'où quelque Deité vient, ce semble, icy bas
Terminer elle-mesme entre vous ces debats.

CASSIOPE.

Ah! ie la recognoy, la Deesse d'Erice,
C'est elle, c'est Venus à mes vœux si propice.
Ie voy dans ses regards mon bon-heur renaissant.
Peuple, faites des vœux tandis qu'elle descend.

*Le Ciel s'ouure durant cette contestation du Roy
auec Phinée, & fait voir dans vn profond esloi-
gnement l'estoile de Venus qui sert de machine
pour apporter cette Deesse iusqu'au milieu du
Theatre. Elle s'auance lentement, sans que l'œil
puisse découtrir à quoy elle est suspenduë, & cependant le peuple a loisir de luy adresser ses vœux
par cet Hymne, que chantent les Musiciens.*

SCENE III.

VENVS, CEPHEE, CASSIOPE,
PERSEE, PHINEE,
CHOEVR de Musique, Suite
du Roy & de la Reyne.

CHOEVR de Musique cependant que Venus s'auance.

REyne de Paphe & d'Amathonte,
Mere d'Amour & fille de la Mer,
  Peux-tu voir sans vn peu de honte
Que contre nous elle ait voulu s'armer,
Et que du mesme sein qui fut ton origine
  Sorte nostre ruine ?

  Peux-tu voir que de la mesme onde
Il ose naistre vn tel Monstre apres toy,
  Que d'où vint tant de bien au monde
Il vienne enfin tant de mal & d'effroy,
Et que l'heureux berçeau de ta beauté supresme
  Enfante l'horreur mesme ?

  Vange l'honneur de ta naissance
Qu'on a souillé par vn tel attentat,
  Rends-luy sa premiere innocence,
Et tu rendras le calme à cet Estat,
Et nous dirons que d'où le mal procede,
  Part aussi le remede.

CASSIOPE.

Peuple, elle veut parler, silence à la Deesse,

Silence, & preparez vos cœurs à l'allegresse,
Elle a receu nos vœux & les daigne exaucer,
Escoutez-en l'effet qu'elle va prononcer.

VENVS *au milieu de l'air.*

Ne tremblez plus, Mortels, ne tremble plus, ô
  mere,
On va ietter le Sort pour la derniere fois,
  Et le Ciel ne veut plus qu'vn choix
  Pour appaiser de tout point sa colere :
Andromede ce soir aura l'illustre espoux
Qui seul est digne d'elle & dont seule elle est digne,
Preparez son Hymen, où pour faueur insigne
Les Dieux ont resolu de se joindre auec vous.

PHINEE à *Cephée.*

Souffrez que sans tarder ie porte à ma Princesse,
Seigneur, l'heureux Arrest qu'a donné la Deesse,

CEPHEE.

Allez, l'impatience est trop iuste aux amants.

CASSIOPE *voyant remonter Venus.*

Suiuons-la dans le Ciel par nos remerciments,
Et d'vne voix commune adorant sa puissance
Monstrons à ses faueurs nostre recognoissance.

CHOEVR *de Musique cependant*
  que Venus remonte.

  Ainsi tousiours sur tes Autels
    Tous les mortels
  Offrent leurs cœurs en sacrifice,
  Ainsi le Zephyre en tout temps
  Sur tes palais de Cythere & d'Eryce
  Face regner les graces du Printemps.

      ෨෨෨

  Daigne affermir l'heureuse paix
    Qu'à nos souhaits

Vient de promettre ton Oracle ;
Et fay pour ces ieunes amants,
Pour qui tu viens de faire ce miracle,
Vn siecle entier de doux rauissements.

Dans nos campagnes & nos bois
Toutes nos voix
Beniront tes douces atteintes :
Et dans les rochers d'alentour
La mesme Echo qui redisoit nos plaintes,
Ne redira qne des soûpirs d'amour.

CEPHEE.

C'est assez, la Deesse est desia disparuë,
Ses dernieres clartez se perdent dans la nuë ;
Allons jetter le Sort pour la derniere fois :
Malheureux le dernier que foudroyera son choix,
Et dont en ce grand iour la perte domestique
Souillera de ses pleurs l'allegresse publique.
Madame, cependant songez à préparer
Cet Hymen que les Dieux veulent tant honorer,
Rendez-en l'appareil digne de ma puissance,
Et digne, s'il se peut, d'vne telle presence.

CASSIOPE.

I'obeïs auec ioye, & c'est me commander
Ce qu'auec passion i'allois vous demander.

SCENE IV.

CASSIOPE, PERSEE,
Suite de la Reyne.

CASSIOPE.

ET bien, vous le voyez, ce n'eſtoit pas vn crime,
Et les Dieux ont trouué cet Hymen legitime,
Puiſque leur ordre exprés nous le fait acheuer,
Et que par leur preſence ils doiuent l'approuuer.
Mais quoy ? vous ſoûpirez ?

PERSEE.

I'en ay bien lieu, Madame.

CASSIOPE.

Le ſujet ?

PERSEE.

Voſtre ioye.

CASSIOPE.

Elle vous geſne l'ame !

PERSEE.

Aprés ce que i'ay dit douter d'vn ſi beau feu,
Reyne, c'eſt ou m'entendre, ou me croire bien peu ;
Mais ne me forcez pas du moins à vous le dire,
Quand mon ame en freмit, & mon cœur en ſoû-
      pire.
Pouuois-ie auoir des yeux, & ne pas l'adorer,
Et pourrois-ie la perdre & n'en pas ſoûpirer ?

CASSIOPE.

Quel espoir formiez-vous puisqu'elle estoit pro-
    mise,
Et qu'en vain son bon-heur domptoit vostre fran-
    chise?

PERSEE.

Vouloir que la raison regne sur vn amant,
C'est estre plus que luy dedans l'aueuglement.
Vn cœur digne d'aymer court à l'objet aymable,
Sans penser au succez dont sa flame est capable,
Il s'abandonne entier, & n'examine rien,
Aymer est tout son but, aymer est tout son bien,
Il n'est difficulté ny peril qui l'estonne.
Ce qui n'est point à moy n'est encor à personne,
Disois-ie, & ce riual qui possede sa foy,
S'il espere vn peu plus, n'obtient pas plus que moy.
Voilà durant vos maux dequoy viuoit ma flame,
Et les douces erreurs dont ie flattois mon ame ;
Pour nourrir des desirs d'vn beau feu trop contents
C'estoit assez d'espoir que d'esperer au temps,
Luy qui fait chaque iour tant de metamorphoses,
Pouuoit en ma faueur faire d'estranges choses:
Mais enfin la Deesse a prononcé ma mort,
Et ie suis ce dernier sur qui tombe le Sort,
I'estois indigne d'elle & de son Hymenée,
Et toutefois, helas ! ie valois bien Phinée.

CASSIOPE.

Vous plaindre en cet estat, c'est tout ce que ie puis.

PERSEE.

Vous vous plaindriez peut-estre apprenant qui ie
    suis.
Vous ne vous trompiez point touchant mon ori-
    gine
Lors que vous la iugiez ou Royale, ou Diuine;

Mon pere eft... Mais pourquoy contre vous l'ani-
    mer ?
Puifqu'il nous faut mourir , mourons fans le nom-
    mer,
Il vangeroit ma mort fi i'auois fait cognoiftre
De quel illuftre fang i'ay la gloire de naiftre,
Et voftre grand bon-heur feroit mal affeuré
Si vous m'auiez cognu fans m'auoir preferé.
C'eft trop perdre de temps, courons à voftre ioye,
Courons à ce bon-heur que le Ciel nous enuoye,
I'en veux eftre témoin, afin que mon tourment
Puiffe par ce poifon finir plus promptement.

CASSIOPE.

Le temps vous fera voir pour fouuerain remede
Le peu que vous perdez en perdant Andromede,
Et les Dieux, dont pour nous vous voyez la bonté,
Vous rendront bien-toft plus qu'ils ne vous ont
    ofté.

PERSEE.

Ny le temps, ny les Dieux ne feront ce miracle.
Mais allons, à voftre heur ie ne mets point d'ob-
    ftacle,
Reyne, c'eft l'affoiblir que de le retarder,
Et les Dieux ont parlé, c'eft à moy de ceder.

FIN DV PREMIER ACTE.

DECORATION
DV SECOND ACTE.

CEtte Place publique dont la Reyne & Persée viennent de sortir, s'éuanouyt en vn instant, pour faire place à vn Iardin delicieux, & ces grands Palais sont changez en autant de Vases de marbre blanc qui portent alternatiuement, les vns des statuës d'où sortent autant de jets d'eau, les autres des Myrthes, des Iasmins, & d'autres arbres de cette nature. De chaque costé se détache vn rang d'Orangers dans de pareils Vases, qui viennent former vn admirable berceau iusquau milieu du Theatre, & le separent ainsi en trois allées, que l'artifice ingenieux de la Perspectiue fait paroistre longues de plus de mille pas. C'est là qu'on voit Andromede auec ses Nymphes qui cueillent des fleurs, & en composent vne guirlande dont cette Princesse veut couronner Phinée, pour le recompenser par cette galanterie de la bonne nouuelle qu'il luy vient d'apporter.

ACTE II.

SCENE PREMIERE.

ANDROMEDE, CHOEVR
de Nymphes.

ANDROMEDE.

Ymphes, noſtre guirlande eſt encor mal
  ornée,
Et deuant qu'il ſoit peu nous reuerrons
  Phinée,
Que de ma propre main i'en voulois
  couronner
Pour les heureux aduis qu'il vient de me donner.
Toutefois la faueur ne ſeroit pas bien grande,
Et mon cœur apres tout vaut bien vne guirlan-
  de :
Dans l'eſtat où le Ciel nous a mis auiourd'huy,
C'eſt l'vnique preſent qui ſoit digne de luy.
Quittez, Nymphes, quittez ces peines inutiles,
L'augure déplairoit de tant de fleurs ſteriles,
Il faut à noſtre Hymen des préſages plus doux.
Dites-moy cependant laquelle d'entre vous...
Mais il faut me le dire, & ſans faire les ſiues.

AGLANTE.

Quoy, Madame ?

ANDROMEDE.

A tes yeux ie voy que tu denines;
Dy-moy donc, d'entre vous laquelle a retenu
En ces lieux iusqu'icy cet illustre Inconnu.
Car enfin ce n'est point sans vn peu de mystere
Qu'vn tel Heros s'attache à la Cour de mon pere,
Quelque chaisne l'arreste, & le force à tarder.
Qu'on ne perde point temps à s'entreregarder,
Parlez, & d'vn seul mot éclaircissez mes doutes.
Aucune ne répond, & vous rougissez toutes !
Quoy, toutes l'aymez-vous ? vn si parfait amant
Vous a-t'il sçeu charmer toutes également ?
Il n'en faut point rougir, il est digne qu'on l'ayme,
Si ie n'aymois ailleurs peut-estre que moy-mesme,
Ouy, peut-estre à le voir si bien fait, si bien né,
Il auroit eu mon cœur s'il n'eust esté donné :
Mais i'ayme trop Phinee, & le change est vn cri-
me.

AGLANTE.

Ce Heros vaut beaucoup puisqu'il a vostre estime,
Mais il sçait ce qu'il vaut, & n'a iusqu'à ce iour
A pas-vne de nous daigné monstrer d'amour,

ANDROMEDE.

Que dis-tu ?

AGLANTE.

Pas fait mesme vne offre de seruice.

ANDROMEDE.

Ah ! c'est dequoy rougir toutes auec iustice,
Et la honte à vos fronts doit bien cette couleur
Si tant de si beaux yeux ont pû manquer son cœur.

CEPHA-

CEPHALIE.

Où les vostres, Madame, espandent leur lumiere,
Le moyen qu'on nous voye ou qu'on nous consi-
    dere?
Les plus viues clartez s'esteignent auprés d'eux,
Comme auprés du Soleil meurent les autres feux,
Et depuis qu'vn amant à vous voir se hazarde,
Il ne voit plus qu'vne ombre alors qu'il nous re-
    garde,
Tant il est éblouy des charmes tout-puissants
Qui luy penetrent l'ame & dérobent les sens,
Il n'a plus d'yeux pour nous, & par tout où vous
    estes
Il nous est défendu de faire des conquestes.

ANDROMEDE.

Vous estes vne adroite, acheuez, acheuez,
C'est peut-estre en effet vous qui le captiuez,
Car il ayme, & i'en voy la preuue trop certaine:
Chaque fois qu'il me parle il semble estre à la ges-
    ne,
Son visage & sa voix changent à tous propos,
Il hesite, il s'égare au bout de quatre mots,
Ses discours vont sans ordre, & plus ie les écoute,
Plus j'entends des soûpirs dont j'ignore la route.
Où vont-ils, Cephalie, où vont-ils? répondez.

CEPHALIE.

C'est à vous d'en iuger, vous qui les entendez.

VN PAGE *de Phinée chantant sans estre veu*

Qu'elle est lente, cette journée!

ANDROMEDE.

Taisons-nous, cette voix me parle pour Phinée,
Sans doute il n'est pas loin, & veut à son retour
Que des accents si doux m'expliquent son amour.

C

PAGE chantant sans estre veu.

Qu'elle est lente, cette journée,
Dont la fin me doit rendre heureux !
Chaque moment à mon cœur amoureux
Semble durer plus d'vne année :
O Ciel ! quel est l'heur d'vn amant,
Si quand il en a l'asseurance,
Sa iuste impatience
Est vn nouueau tourment!

Ie dois posseder Andromede,
Iuge, Soleil, quel est mon bien.
Vis-tu iamais amour égal au mien ?
Vois-tu beauté qui ne luy cede?
Puis donc que la longueur du iour
De mon nouueau mal est la source,
Précipite ta course,
Et tarde ton retour.

Tu luis encor, & ta lumiere
Semble se plaire à m'affliger :
Ah ! mon amour te va bien obliger
A quitter soudain ta carriere :
Vien, Soleil, vien voir la beauté
Dont le diuin esclat me dompte,
Et tu fuiras de honte
D'auoir moins de clarté.

SCENE II.

PHINEE, ANDROMEDE,
CHOEVR de Nymphes, Suite
de Phinée.

PHINEE.

CE n'est pas mon dessein, Madame, de surprendre,
Puisqu'auant que d'entrer ie me suis fait entendre.

ANDROMEDE.

Vos vœux pour les cacher n'estoient pas criminels,
Puisqu'ils suiuent des Dieux les ordres eternels.

PHINEE.

Que me direz-vous donc de leur galanterie?

ANDROMEDE.

Que ie vay vous payer de vostre flatterie.

PHINEE.

Comment ?

ANDROMEDE.

En vous donnant de semblables témoins
Si vous aymez beaucoup que ie n'ayme par moins.
Approchez, Liriope, & rendez-luy son change,
C'est vous, c'est vostre voix que ie veux qui me
vange.
De grace écoutez-la, nous auons écouté,
Et demandons silence apres l'auoir presté.

C ij

LIRIOPE *chante.*

Phinée eſt plus aymé qu'Andromede n'eſt belle,
  Bien qu'icy bas tout cede à ſes attraits,
    Comme il n'eſt point de ſi doux traits,
    Il n'eſt point de cœur ſi fidelle :
  De mille appas ſon viſage ſemé
      La rend toute merueille,
    Mais quoy qu'elle ſoit ſans pareille,
      Phinée eſt encor plus aymé.

Bien que le iuſte Ciel face voir que ſans crime
  On la préfere aux Nymphes de la mer,
    Ce n'eſt que de ſçauoir aymer
    Qu'elle-meſme veut qu'on l'eſtime :
  Chacun d'amour pour elle conſumé,
      D'vn cœur luy fait vn Temple,
    Mais quoy qu'elle ſoit ſans exemple,
      Phinée eſt encor plus aymé.

Enfin ſi ſes beaux yeux paſſent pour vn miracle,
  C'eſt vn miracle auſſi que ſon amour,
    Pour qui Venus en ce beau iour
    A prononcé ce digne Oracle :
  Le Ciel luy-meſme en la voyant charmé
      La iuge incomparable,
    Mais quoy qu'il l'ait faite adorable,
      Phinée eſt encor plus aymé.

Cet Air chanté, le Page de Phinée & cette
Nymphe font vn Dialogue en Muſique, dont
chaque couplet a pour refrain l'Oracle que Venus
a prononcé au premier Acte en faueur de ces deux
Amants, chanté par les deux voix vnies, & repeté par le Chœur entier de la Muſique.

PAGE.

Heureux amant !

LIRIOPE.

Heureuse amante !

PAGE.

Ils n'ont qu'vne ame.

LIRIOPE.

Ils n'ont tous deux qu'vn cœur.

PAGE.

Ioignons nos voix pour chanter leur bon-heur.

LIRIOPE.

Ioignons nos voix pour benir leur attente.

Tous deux ensemble.

Andromede ce soir aura l'illustre espoux
Qui seul est digne d'elle & dont seule elle est digne,
Préparons son Hymen, où pour faueur insigne
Les Dieux ont resolu de se joindre auec nous.

CHOEVR *de Musique.*

Préparons son Hymen, où pour faueur insigne
Les Dieux ont resolu de se joindre auec nous.

PAGE.

Le Ciel le veut.

LIRIOPE

Venus l'ordonne.

PAGE.

L'Amour les joint.

LIRIOPE.

L'Hymen va les vnir.

PAGE.

Douce vnion que chacun doit benir !

LIRIOPE.

Heureuse amour qu'vn tel succez couronne!

Tous deux ensemble.

Andromede ce soir aura l'illustre espoux
Qui seul est digne d'elle & dont seule elle est digne,
Préparons son Hymen, où pour faueur insigne
Les Dieux ont resolu de se joindre auec nous.

CHOEVR *de Musique.*

Préparons son Hymen, où pour faueur insigne
Les Dieux ont resolu de se joindre auec nous.

ANDROMEDE.

Il n'en faut point mentir, leur accord m'a surprise.

PHINEE.

Madame, c'est ainsi que tout me fauorise,
Et que tous vos Sujets soupirent en ces lieux
Aprés l'heureux effet de cet Arrest des Dieux,
Que leurs souhaits vnis......

SCENE III.

PHINEE, ANDROMEDE,
TIMANTE, CHOEVR
de Nymphes, Suite de Phinée.

TIMANTE.

AH, Seigneur, ah, Madame!

PHINEE.

Que nous veux-tu, Timante, & qui trouble ton ame?

TIMANTE.

Le pire des malheurs.

PHINEE.

Le Roy seroit-il mort?

TIMANTE.

Non, Seigneur, mais enfin le triste choix du Sort
Vient de tomber... Helas! pourray-je vous le dire?

ANDROMEDE.

Est-ce sur quelque objet pour qui ton cœur soûpire?

TIMANTE.

Soûpirer à vos yeux du pire de ses coups,
N'est-ce pas dire assez qu'il est tombé sur vous?

PHINEE.

Qui te fait nous donner de si vaines alarmes?

TIMANTE.

Si vous n'en croyez pas mes soûpirs & nos larmes,
Vous en croirez le Roy, qui bien-toſt à vos yeux
La va liurer luy-meſme aux Miniſtres des Dieux.

PHINEE.

C'eſt nous faire, Timante, vn conte ridicule,
Et ie tiendrois le Roy bien ſimple & bien credule,
Si plus qu'vne Déeſſe il en croyoit le Sort.

TIMANTE.

Le Roy non plus que vous ne l'a pas creu d'abord,
Il a fait par trois fois eſſayer ſa malice,
Et l'a veu par trois fois faire meſme injuſtice,
Du vaſe par trois fois ce beau nom eſt ſorty.

PHINEE.

Et toutes les trois fois le Sort en a menty.
Le Ciel a fait pour vous vne autre Deſtinée,
Son ordre eſt immuable, il veut noſtre Hymenée,
Il le veut, il y met le bon-heur de ces lieux,
Et ce n'eſt pas au Sort à démentir les Dieux.

ANDROMEDE.

Aſſez ſouuent le Ciel par quelque fauſſe ioye
Se plaiſt à préuenir les maux qu'il nous enuoye,
Du moins il m'a rendu quelques moments bien
    doux
Par ce flatteur eſpoir que j'allois eſtre à vous,
Mais puiſque ce n'eſtoit qu'vne trompeuſe attente,
Gardez mon ſouuenir, & ie mourray contente.

PHINEE.

Et vous mourrez contente ! & i'ay pû meriter
Qu'auec contentement vous puiſſiez me quitter !
Détacher ſans regret voſtre ame de la mienne !
Vouloir que ie le voye, & que ie m'en ſouuienne !

Et mon fidelle amour qui receut voſtre foy
Vous trouue indifferente entre la mort & moy !
Ouy, ie m'en ſouuiendray, vous le voulez, Madame,
I'accepte le ſupplice où vous liurez mon ame,
Mais quelque peu d'amour que vous me faciez voir,
Le mien n'oubliera pas les loix de ſon deuoir.
Ie dois malgré le Sort, ie dois malgré vous-meſme,
Si vous aymez ſi mal , vous monſtrer comme on
     ayme,
Et faire recognoiſtre aux yeux qui m'ont charmé
Que i'eſtois digne au moins d'eſtre vn peu mieux
     aymé.
Vous l'aduoüirez bien-toſt, & i'auray cette gloire
Qui dans tout l'auenir ſuiura noſtre memoire,
Que pour ſe voir quitter auec contentement,
Vn amant tel que moy n'en eſt pas moins amant.

ANDROMEDE.

C'eſt donc trop peu pour moy que des malheurs ſi
     proches
Si vous ne les croiſſez par d'injuſtes reproches !
Vous quitter ſans regret ! les Dieux me ſont
     témoins
Que i'en monſtrerois plus ſi ie vous aymois moins.
C'eſt pour vous trop aymer que ie parois toute
     autre,
I'étouffe ma douleur pour n'aigrir pas la voſtre,
Ie retiens mes ſoûpirs de peur de vous fâcher,
Et me monſtre inſenſible afin de moins toucher.
Helas ! ſi vous ſçauez faire voir comme on ayme,
Du moins vous voyez mal quand l'amour eſt ex-
     tréme,
Ouy, Phinée, & ie doute en courant à la mort,
Lequel m'eſt plus cruel, ou de vous, ou du Sort.

PHINEE.

Helas ! qu'il eſtoit grand quand ie l'ay creu s'é-
     teindre,

Voſtre amour, & qu'à tort ma flame oſoit s'en
 plaindre !
Princeſſe, vous pouuez me quitter ſans regret,
Vous ne perdez en moy qu'vn amant indiſcret,
Qu'vn amant temeraire, & qui meſme a l'audace
D'accuſer voſtre amour quand vous luy faites grace.
Mais pour moy dont la perte eſt ſans comparaiſon,
Qui perds en vous perdant & lumiere & raiſon,
Ie n'ay que ma douleur qui m'aueugle & me guide,
Qui ſur toute mon ame elle ſeule préſide,
Elle y regne, & ie cede entier à ſon tranſport:
Mais ie ne cede pas aux caprices du Sort.
Que le Roy par ſcrupule à ſa rigueur défere,
Qu'vne indigne équité le face injuſte pere,
La Reyne & mon amour ſçauront bien empeſcher
Qu'vn choix ſi criminel ne couſte vn ſang ſi cher.
I'oſe tout, ie puis tout apres vn tel Oracle.

TIMANTE.

La Reyne eſt hors d'eſtat d'y joindre aucun ob-
 ſtacle,
Surpriſe comme vous d'vn tel éuenement,
Elle en a de douleur perdu tout ſentiment,
Et ſans doute le Roy liurera la Princeſſe
Auant qu'on l'ait pû voir ſortir de ſa fóibleſſe.

PHINEE.

Et bien, mon amour ſeul ſçaura juſqu'au trépas,
Malgré tous . . . . .

ANDROMEDE.

Le Roy vient, ne vous emportez pas,

SCENE IV.

CEPHEE, PHINEE, ANDROMEDE, PERSEE, TIMANTE, CHOEVR de Nymphes, Suite du Roy & de Phinée.

CEPHEE.

MA fille, si tu sçais les nouuelles funestes
De ce dernier effort des coleres celestes,
Si tu sçais de ton sort l'impitoyable cours
Qui fait le plus cruel du plus beau de nos iours,
Espargne ma douleur, iuges-en par sa cause,
Et va sans me forcer à te dire autre chose.

ANDROMEDE.

Seigneur, ie vous l'aduouë, il est bien douloureux
De tout perdre au moment qu'on se doit croire
    heureux,
Et le coup qui surprend vn espoir legitime,
Porte plus d'vne mort au cœur de la victime.
Mais enfin il est iuste, & ie le dois benir,
La cause des malheurs les doit faire finir,
Le Ciel qui se repent si tost de ses caresses
Verra plus de constance en moy qu'en ses pro-
    messes ;
Heureuse, si mes iours vn peu précipitez
Satisfont à ces Dieux pour moy seule irritez,
Si ie suis la derniere à leur courroux offerte,
Si le salut public peut naistre de ma perte :

Malheureuse pourtant, qu'vn si precieux bien
Vous a desia cousté d'autre sang que le mien,
Et que ie ne suis pas la premiere & l'vnique
Qui rende à vostre Estat la seureté publique.

PHINEE.

Quoy ! vous vous obstinez encore à me trahir?

ANDROMEDE.

Ie vous plains, ie me plains, mais ie dois obeïr.

PHINEE.

Honteuse obeïssance à qui vostre amour cede.

CEPHEE.

Obeïssance illustre, & digne d'Andromede,
Son nom comblé par là d'vn immortel honneur...

PHINEE.

Ie l'empescheray bien, ce funeste bon-heur,
Andromede est à moy, vous me l'auez donnée,
Le Ciel pour nostre Hymen a pris cette journée,
Venus l'a commandé, qui me la peut oster ?
Le Sort auprés des Dieux se doit-il écouter ?
Ah ! si i'en vois icy les infames Ministres
S'apprester aux effets de ses ordres sinistres...

CEPHEE.

Apprenez que le Sort n'agit que sous les Dieux,
Et souffrez comme moy le bon-heur de ces lieux.
Vostre perte n'est rien au prix de ma misere,
Si vous estes amant, Phinée, ie suis pere,
Il est d'autres objets dignes de vostre foy,
Mais il n'est point ailleurs d'autre fille pour moy.
Songez donc mieux qu'vn pere à ces affreux rauages
Que par tout de ce Monstre épandirent les rages,
Et n'en rappelez pas l'épouuentable horreur,
Pour trop croire & trop suiure vne aueugle fureur.

PHINEE.

PHINEE.

Que de nouueau ce Monstre entré dessus vos terres
Face à tous vos Sujets d'impitoyables guerres,
Le sang de tout vn peuple est trop bien employé,
Quand celuy de ses Rois en peut estre payé,
Et ie ne cognois point d'autre perte publique
Que celle où vous condamne vn Sort si tyrannique.

CEPHEE.

Craignez ces mesmes Dieux qui président au Sort.

PHINEE.

Qu'entr'eux-mesmes ces Dieux se monstrent donc
   d'accord.
Quelle crainte apres tout me pourroit y resoudre?
S'ils m'ostent Andromede, ont-ils quelqu'autre
   foudre?
Il n'est plus de respect qui puisse rien sur moy,
Andromede est mon Sort, & mes Dieux, & mon
   Roy.
Punissez vn impie, & perdez vn rebelle,
Satisfaites le Sort en m'exposant pour elle,
I'y cours, mais autrement, ie iure ses beaux yeux,
Et mes vniques Rois, & mes vniques Dieux...

*Icy le tonnerre commence à rouler auec vn si
grand bruit, & accompagné d'éclairs redoublez
auec tant de promptitude, que cette feinte donne de
l'épouuante, aussi bien que de l'admiration, tant
elle approche du naturel. On voit cependant descendre Æole auec huit Vents, dont quatre sont à ses
deux costez, en sorte toutefois que les deux plus
proches sont portez sur le mesme nuage que luy, &
les deux plus éloignez sont comme volants en l'air
tout contre ce mesme nuage. Les quatre autres pa-*

roiſſent deux à deux au milieu de l'air ſur les aiſles
du Theatre, deux à la main gauche, & deux à la
droite. Ce qui n'empeſche pas Phinée de continuer
ſes blaſphemes.

SCENE V.

ÆOLE, Huit VENTS, CEPHEE,
PERSEE, PHINEE,
ANDROMEDE, CHOEVR
de Nymphes, Suite du Roy
& de Phinée.

CEPHEE.

ARreſtez, ce nuage enferme vne tempeſte
Qui peut-eſtre deſia menace voſtre teſte,
N'irritez plus les Dieux deſia trop irritez.

PHINEE.

Qu'il créue, ce nuage, & que ces Deïtez…

CEPHEE.

Ne les irritez plus, vous dis-ie, & prenez garde…

PHINEE.

A les trop irriter, qu'eſt-ce que ie hazarde?
Que peut craindre vn amant quand il voit tout
      perdu?
Tombe, tombe ſur moy leur foudre s'il m'eſt deu :
Mais s'il eſt quelque main aſſez lâche & traiſtreſſe
Pour ſuiure leur caprice & ſaiſir ma Princeſſe,

Seigneur, encor vn coup, ie iure ses beaux yeux,
Et mes vniques Rois, & mes vniques Dieux...

ÆOLE *au milieu de l'air.*

Temeraire Mortel, n'en dy pas dauantage,
Tu n'obliges que trop les Dieux à te haïr,
Quoy que pense attenter l'orgueil de ton cou-
    rage,
Ils ont trop de moyens de se faire obeïr.
   Cognoy-moy pour ton infortune,
   Ie suis Æole Roy des Vents:
   Partez mes orageux suiuants,
   Faités ce qu'ordonne Neptune.

Ce commandement d'Æole produit aussi-tost vn
spectacle estrange & merueilleux tout ensemble. Les
deux Vents qui estoient à ses costez suspendus en
l'air, s'enuolent, l'vn à gauche, & l'autre à droite: deux autres remontent auec luy dans le Ciel sur
le mesme nuage qui les vient d'apporter: deux autres qui estoient à sa main gauche sur les aisles du
Theatre, s'auancent au milieu de l'air, où ayant
fait vn tour ainsi que deux tourbillons, ils passent
au costé droit du Theatre, d'où les deux derniers
fondent sur Andromede, & l'ayant saisie chacun
par vn bras, l'enleuent de l'autre costé iusques dans
les nuës.

ANDROMEDE *enleuée par les Vents.*

O Ciel!

CEPHEE.

Ils l'ont saisie, & l'enleuent en l'air.

                  D ij

PHINEE *courant apres elle & taschant*
de la retenir.

Ah ! ne prefumez pas ainfi me la voler,
Ie vous fuiuray par tout malgré voftre furprife.

SCENE IV.

CEPHEE, PERSEE,
Suite du Roy.

PERSEE.

SEigneur, vn tel peril ne veut point de re-
mife,
Mais efperez encor, ie vole à fon fecours,
Et vay forcer le Sort à prendre vn autre cours.

CEPHEE.

Vingt amants pour Nerée en firent l'entreprife,
Mais il n'eft point d'effort que ce Monftre ne
brife :
Tous voulurent fauuer fes attraits adorez,
Tous furent auec elle à l'inftant deuorez.

PERSEE.

Le Ciel ayme Andromede, il veut fon Hymenée,
Seigneur, & fi les Vents l'arrachent à Phinée,
Ce n'eft que pour la rendre à quelque illuftre
efpoux
Qui foit plus digne d'elle & plus digne de vous,
A quelqu'autre par là les Dieux l'ont referuée.
Vous fçaurez qui ie fuis, quand ie l'auray fauuée,

Adieu, par des chemins aux hommes inconnus
Ie vay mettre en effet l'Oracle de Venus,
Le temps nous est trop cher pour le perdre en
    paroles.

CEPHEE.

Moy qui ne puis former d'esperances friuoles,
Pour ne voir point courir ce grand cœur au trépas,
Ie vay faire des vœux qu'on n'écoutera pas.

FIN DV SECOND ACTE.

D iij

DECORATION
DV TROISIEME ACTE.

Voicy vne estrange Metamorphose. Sans doute qu'auant que de sortir de ce Iardin, Persée a découuert cette monstrueuse teste de Meduse qu'il porte par tout sous son bouclier. Les Myrthes & les Iasmins qui le composoient, sont deuenus des Rochers affreux, dont les masses inégalement escarpées & bossuës suiuent si parfaitement le caprice de la Nature, qu'il semble qu'elle ait plus contribué que l'Art, à les placer ainsi des deux costez du Theatre. C'est enquoy l'artifice de l'ouurier est merueilleux, & se fait voir d'autant plus, qu'il prend soin de se cacher. Les vagues s'emparent de toute la Scéne, à la reserue de cinq ou six pieds qu'elles laissent pour leur seruir de riuage. Elles sont dans vne agitation continuelle, & composent comme vn Golfe enfermé entre ces deux rangs de falaises. On en voit l'embouchure se dégorger dans la pleine mer, qui paroist si vaste & d'vne si grande estenduë, qu'on jureroit que les vaisseaux qui flottent prés de l'Orizon, dont la veuë est bornée, sont éloignez de plus de six lieuës de ceux qui les considerent. Il n'y a personne qui ne iuge, que cet horrible spectacle est le funeste appareil de l'injustice des Dieux, & du supplice d'Andromede : aussi la voit-on au haut des nuës, d'où ces deux Vents qui l'ont enleuée, l'apportent auec impetuosité,& l'attachent au pied d'vn de ces Rochers.

ACTE III.

SCENE PREMIERE.

ANDROMEDE au pied d'vn Rocher, Deux VENTS qui l'y attachent, TIMANTE, CHOEVR de Peuple fur le riuage.

TIMANTE.

Llons voir, chers amis, ce qu'elle eft de-
uenuë,
La Princeffe, & mourir, s'il fe peut, à
fa veuë.

CHOEVR de Peuple.

La voilà que ces Vents acheuent d'attacher
En infames bourreaux à ce fatal Rocher.

TIMANTE.

Oüy, c'eft elle fans doute. Ah, l'indigne fpectacle !

CHOEVR de Peuple.

Si le Ciel n'eft injufte, il luy doit vn miracle.

Les Vents s'enuolent.

TIMANTE.

Il en fera voir vn, s'il en croit nos defirs.

ANDROMEDE.

O Dieux !

TIMANTE.

Auec refpect efcoutons fes foûpirs,
Et puiffent les accents de fes premieres plaintes
Porter dans tous nos cœurs de mortelles atteintes.

ANDROMEDE.

Affreufe image du trépas,
  Qu'vn trifte honneur m'auoit fardée,
Surprenantes horreurs, épouuentable idée,
  Qui tantoft ne m'ébranliez pas;
Que l'on vous conçoit mal, quand on vous enuifage
  Auec vn peu d'éloignement !
Qu'on vous méprife alors, qu'on vous braue aifé-
    ment!
  Mais que la grandeur de courage
  Deuient d'vn difficile vfage
  Lors qu'on touche au dernier moment!

Icy feule, & de toutes parts
  A mon deftin abandonnée,
Icy que ie n'ay plus ny parents, ny Phinée,
  Sur qui deftourner mes regards,
L'attente de la mort de tout mon cœur s'empare,
  Il n'a qu'elle à confiderer,
Et quoy que de ce Monftre il s'ofe figurer,
  Ma conftance qui s'y prépare,
  Le trouue d'autant plus barbare,
  Qu'il differe à me deuorer.

Eftrange effet de mes malheurs!
Mon ame traifnante, abbatuë,

N'a qu'vn moment à viure, & ce moment me tuë
A force de viues douleurs :
Ma frayeur a pour moy mille mortelles feintes,
Cependant que la mort me fuit ;
Ie pafme au moindre vent, ie meurs au moindre
bruit,
Et mes efperances efteintes
N'attendent la fin de mes craintes,
Que du Monftre qui les produit.

Qu'il tarde à fuiure mes defirs,
Et que fa cruelle pareffe
A ce cœur, dont ma flame eft encor la maiftreffe,
Coufte d'amers & longs foûpirs!
O toy, dont iufqu'icy la douceur m'a fuiuie,
Va-t'en, fouuenir indifcret,
Et ceffant de me faire vn entretien fecret.
De ce Prince qui m'a feruie,
Laiffe-moy fortir de la vie
Auec vn peu moins de regret.

C'eft affez que tout l'Vniuers
Confpire à faire mes fupplices,
Ne les redouble point, toy qui fus mes delices,
En me monftrant ce que ie perds :
Laiffe-moy. . . .

SCENE II.

CASSIOPE, ANDROMEDE, TIMANTE, CHOEVR de Peuple.

CASSIOPE.

ME voicy, qui seule ay fait le crime,
Me voicy, iustes Dieux, prenez vostre victime,
S'il est quelque iustice encore parmy vous,
C'est à moy seule, à moy qu'est deu vostre couroux.
Punir les innocents, & laisser les coupables,
Inhumains, est-ce en estre, est-ce en estre capables?
A moy tout le supplice, à moy tout le forfait.
Que faites-vous, cruels? qu'auez-vous presque fait?
Andromede est icy vostre plus rare ouurage,
Andromede est icy vostre plus digne image,
Elle rassemble en soy vos attraits diuisez,
On vous cognoistra moins, si vous la destruisez.
Ah, ie découure enfin d'où prouient tant de haine,
Vous en estes ialoux plus que ie n'en fus vaine,
Si vous la laissiez viure, enuieux Tout-puissants,
Elle auroit plus que vous, & d'autels, & d'encens,
Chacun préféreroit le portrait au modele,
Et bien-tost l'Vniuers n'adoreroit plus qu'elle.

ANDROMEDE.

En l'estat où ie suis le Sort m'est-il trop doux,
Si vous ne me donnez déquoy craindre pour vous?
Faut-il encor ce comble à des malheurs extrémes?
Qu'e perez-vous, Madame, à force de blasphemes?

CASSIOPE.

Attirer & leur Monftre & leur foudre fur moy:
Mais ie ne les irrite, helas ! que contre toy,
Sur ton fang innocent retombent tous mes crimes,
Seule, tu leur tiens lieu de mille autres victimes,
Et pour punir ta mere, ils n'ont, ces cruels Dieux,
Ny Monftre dans la Mer, ny foudre dans les Cieux.
Auffi fçauent-ils bien que fe prendre à ta vie,
C'eft perçer de mon cœur la plus tendre partie,
Que ie fouffre bien plus en te voyant perir,
Et qu'ils me feroient grace en me faifant mourir.
Ma fille, c'eft donc là cet heureux Hymenée,
Cette illuftre vnion par Venus ordonnée,
Qu'auecque tant de pompe il falloit préparer,
Et que ces mefmes Dieux deuoient tant honorer!
Ce que nos yeux ont veu, n'eftoit-ce donc qu'vn
   fonge,
Déeffe, ou ne viens-tu que pour dire vn menfonge?
Nous aurois-tu parlé fans l'adueu du Deftin?
Eft-ce ainfi qu'à nos maux le Ciel trouue vne fin?
Eft-ce ainfi qu'Andromede en reçoit les careffes?
Si contr'elle l'Enuie efmeut quelques Déeffes,
L'Amour en fa faueur n'arme-t'il point de Dieux?
Sont-ils tous deuenus, ou fans cœur, ou fans yeux?
Le maiftre fouuerain de toute la Nature
Pour de moindres beautez a changé de figure,
Neptune a foûpiré pour de moindres appas,
Elle en monftre à Phœbus que Daphné n'auoit pas,
Et l'Amour en Pfyché voyoit bien moins de
   charmes
Quand pour elle il daigna fe bleffer de fes armes.
Qui dérobe à tes yeux le droit de tout charmer,
Ma fille? au vif éclat qu'ils fement dans la mer,
Les Tritons amoureux, malgré leurs Nereïdes,
Deuroient defia fortir de leurs grottes humides,
Aux fureurs de leur Monftre à l'enuy s'oppofer,
Contre ce mefme écueil eux-mefmes l'écrafer,

Et de ſes os briſez, de ſa rage eſtouffée,
Au pied de ton Rocher t'eſleuer vn trophée.

ANDROMEDE *voyant venir le*
Monſtre de loin.

Renouueler le crime, eſt-ce pour les fléchir?
Vous haſtez mon ſupplice au lieu de m'affranchir,
Vous appelez le Monſtre. Ah! du moins à ſa veuë
Quittez la vanité qui m'a deſia perduë,
Il n'eſt mortel ny Dieu qui m'oſe ſecourir,
Il vient, conſolez-vous, & me laiſſez mourir.

CASSIOPE.

Ie le voy, c'en eſt fait. Parois du moins, Phinée,
Pour ſauuer la beauté qui t'eſtoit deſtinée,
Parois, il en eſt temps, viens en dépit des Dieux
Sauuer ton Andromede, ou perir à ſes yeux,
L'amour te le commande, & l'honneur t'en conuie;
Peux-tu, ſi tu la perds, aymer encor la vie?

ANDROMEDE.

Il n'a manque d'amour ny manque de valeur,
Mais ſans doute, Madame, il eſt mort de douleur,
Et comme il a du cœur & ſçait que ie l'adore,
Il periroit icy, s'il reſpiroit encore.

CASSIOPE.

Dy pluſtoſt que l'ingrat n'oſe te meriter.
Toy donc, qui plus que luy t'oſois tantoſt vanter,
Viens, amant incognu, dont la haute origine,
Si nous t'en voulons croire, eſt Royale, ou Diuine,
Viens-en donner la preuue, & par vn prompt
    ſecours
Fay-nous voir quelle foy l'on doit à tes diſcours,
Supplante ton riual par vne illuſtre audace,
Viens à droit de conqueſte en occuper la place,
Andromede eſt à toy, ſi tu l'oſes gaigner.
Quoy, laſches, le peril vous la fait dédaigner!

Il esteint en tous deux ces flames sans secondes!
Allons, mon desespoir, iusqu'au milieu des ondes
Faire seruir l'effort de nos bras impuissants
D'exemple & de reproche à leurs feux languissants,
Faisons ce que tous deux deuroient faire auec ioye,
Destournons sa fureur dessus vne autre proye,
Heureuse, si mon sang la pouuoit assouuir;
Allons, mais qui m'arreste ? ah ! c'est mal me seruir.

On voit icy Persée descendre du haut des nuës.

SCENE III.

ANDROMEDE attachée au Rocher, PERSEE en l'air sur le cheual Pegase, CASSIOPE, TIMANTE, & le CHOEVR sur le Riuage.

TIMANTE *monstrant Persée à Cassiope, & l'empeschant de se jetter en la mer.*

Courez-vous à la mort, quand on vole à vostre
    ayde?
Voyez par quels chemins on secourt Andromede,
Quel Heros, ou quel Dieu sur ce cheual aisté...

CASSIOPE.

Ah ! c'est cet incognu par mes cris appelé,
C'est luy-mesme, Seigneur, que mon ame
    estonnée....

E

PERSEE *en l'air.*

Reyne, voyez par là si ie vaux bien Phinée,
Si j'estois moins que luy digne de vostre choix,
Et si le sang des Dieux cede à celuy des Rois.

CASSIOPE.

Rien n'égale, Seigneur, vne amour si fidelle,
Combatez donc pour vous, en combattant pour
　　elle,
Vous ne trouuerez point de sentiments ingrats.

PERSEE *à Andromede.*

Adorable Princesse, aduoüez-en mon bras.

CHOEVR *de Musique cependant*
que Persée combat le Monstre.

Courage, enfant des Dieux, elle est vostre con-
　　queste,
　　Et iamais amant ny guerrier
　　Ne vit ceindre sa teste
D'vn si beau myrthe, ou d'vn si beau laurier.

Vne VOIX *seule.*

Andromede est le prix qui suit vostre victoire,
　　Combatez, combatez,
　　Et vos plaisirs & vostre gloire
Rendront jaloux les Dieux dont vous sortez.

Le CHOEVR *repete.*

Courage, enfant des Dieux, &c.

TIMANTE *à la Reyne.*

Voyez de quel effet nostre attente est suiuie,
Madame, elle est sauuée, & le Monstre est sans vie.

PERSEE *ayant tué le Monstre.*

Rendez grace à l'Amour, qui m'en a fait vainqueur.

CASSIOPE.

O Ciel ! que ne vous puis-ie aſſez ouurir mon
    cœur?
L'Oracle de Venus enfin s'eſt fait entendre,
Voilà ce dernier choix qui nous deuoit tout rendre,
Et vous eſtes, Seigneur, l'incomparable eſpoux,
Par qui le ſang des Dieux doit ſe joindre auec
    nous.
Ne penſe plus, ma fille, à ton ingrat Phinée,
C'eſt à ce grand Heros que le Sort t'a donnée,
C'eſt pour luy que le Ciel te deſtine aujourd'huy,
Il eſt digne de toy, rends-toy digne de luy.

PERSEE.

Il faut la meriter par mille autres ſeruices,
Vn peu d'eſpoir ſuffit pour de tels ſacrifices.
Princeſſe, cependant quittez ces triſtes lieux
Pour rendre à voſtre Cour tout l'éclat de vos yeux.
Ces Vents, ces meſmes Vents qui vous ont enleuée,
Vont rendre de tout point ma victoire acheuée,
L'ordre que leur preſcrit mon pere Iuppiter
Iuſqu'en voſtre Palais les force à vous porter,
Les force à vous remettre où l'on vous a veu priſe.

ANDROMEDE.

D'vne frayeur mortelle à peine encor remiſe,
Pardonnez, grand Heros, ſi mon eſtonnement
N'a pas la liberté d'aucun remerciment.

PERSEE.

Venez, Tyrans des Mers, reparer voſtre crime,
Venez reſtituer cette illuſtre victime,
Meritez voſtre grace, impetueux mutins,
Par voſtre obeïſſance au maiſtre des Deſtins.

Les Vents obeïſſent auſſi-toſt à ce commande-
ment de Perſée, & on les voit en vn moment dé-

tacher cette Princeſſe, & la reporter par deſſus les
flots iuſques au lieu d'où ils l'auoient apportée au
commencement de cet Acte. En meſme temps Perſée renole en haut ſur ſon cheual aiſlé, & apres
auoir fait vn caracol admirable au milieu de l'air,
il tire du meſme coſté qu'on a veu diſparoiſtre la
Princeſſe. Tandis qu'il vole, tout le riuage retentit
de cris de ioye & de chants de victoire.

CASSIOPE *voyant Persée reuoler
en haut apres ſa victoire.*

Peuple, qu'à pleine voix l'allegreſſe publique
Apres vn tel miracle en triomphe s'explique,
Et face retentir ſur ce riuage heureux
L'immortelle valeur d'vn bras ſi genereux.

CHOEVR *de Muſique.*

Le Monſtre eſt mort, crions victoire,
Victoire tous, victoire à pleine voix,
Que nos campagnes & nos bois
Ne reſonnent que de ſa gloire,
Princeſſe, elle vous donne enfin l'illuſtre eſpoux
Qui ſeul eſtoit digne de vous.

Vous eſtes ſa digne conqueſte,
Victoire tous, victoire à ſon amour,
C'eſt luy qui nous rend ce beau iour,
C'eſt luy qui calme la tempeſte:
Et c'eſt luy qui vous donne enfin l'illuſtre eſpoux
Qui ſeul eſtoit digne de vous.

CASSIOPE *apres que Persée eſt diſparu.*

Dieux, j'eſtois ſur ces bords immobile de ioye!
Allons voir où ces Vents ont reporté leur proye,
Embraſſer ce vainqueur, & demander au Roy
L'effet du bel eſpoir qu'il a receu de moy.

SCENE IV.

Trois NEREIDES s'éleuant du milieu des flots.

CYMODOCE.

Ainsi nostre colere est de tout point brauée,
Ainsi nostre victime à nos yeux enleuée
Va croistre les douceurs de ses contentements,
Par le iuste mépris de nos ressentimens.

EPHYRE.

Toute nostre fureur, toute nostre vengeance
Semble auec son Destin estre d'intelligence,
N'agir qu'en sa faueur, & ses plus rudes coups
Ne font que luy donner vn plus illustre espoux.

CYDIPPE.

Le Sort, qui iusqu'icy nous a donné le change,
Immole à ses beautez le Monstre qui nous vange:
Du mesme sacrifice, & dans le mesme lieu,
De victime qu'elle est, elle deuient le Dieu.
Cessons doresnauant, cessons d'estre immortelles,
Puisque les Immortels trahissent nos querelles,
Qu'vne beauté commune est plus chere à leurs
          yeux,
Car son liberateur est sans doute vn des Dieux.
Autre qu'vn Dieu n'eust pû nous oster cette proye,
Autre qu'vn Dieu n'eust pû prendre vne telle voye,
Et ce cheual aisé fust pery mille fois,
Auant que de voler sous vn indigne poids.

CYMODOCE.

Ouy, c'eſt ſans doute vn Dieu qui vient de la de-
fendre,
Mais il n'eſt pas, mes ſœurs, encor temps de nous
rendre,
Et puiſqu'vn Dieu pour elle oſe nous outrager,
Il faut troüuer auſſi des Dieux à nous vanger.
Du ſang de noſtre Monſtre encore toutes teintes
Au Palais de Neptune allons porter nos plaintes,
Luy demander raiſon de l'immortel affront
Qu'vne telle défaite imprime à noſtre front.

CYDIPPE.

Ie croy qu'il nous préuient, les ondes en boüil-
lonnent,
Les Conques des Tritons dans ces rochers reſonnent,
C'eſt luy-meſme, parlons.

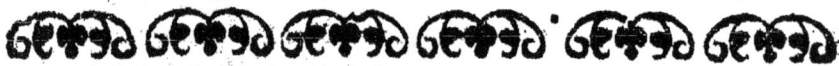

SCENE V.

NEPTVNE, Les NEREIDES.

NEPTVNE *dans ſon Char, formé d'vne
grande Conque de Nacre, & tiré par deux
cheuaux marins.*

IE ſçay vos déplaiſirs,
Mes filles, & ie viens au bruit de vos ſoûpirs.
De l'affront qu'on vous fait plus que vous en
colere,
C'eſt moy que tyranniſe vn ſuperbe de frere,
Qui dans mon propre Eſtat m'oſant faire la loy,
M'enuoye vn de ſes fils pour triompher de moy.

Qu'il regne dans le Ciel, qu'il regne fur la Terre,
Qu'il gouuerne à fon gré l'éclat de fon Tonnerre,
Que mefme du Deftin il foit independant,
Mais qu'il me laiffe à moy gouuerner mon Trident.
C'eft bien affez pour luy d'vn fi grand auantage,
Sans me venir brauer encor dans mon partage;
Apres cet attentat fur l'Empire des Mers,
Mefme honte à leur tour menace les Enfers;
Auffi leur Souuerain prendra noftre querelle:
Ie vay l'intereffer auec Iunon pour elle,
Et tous trois affemblants noftre pouuoir en vn,
Nous fçaurons bien dompter noftre Tyran com-
 mun.
Adieu, confolez-vous, Nymphes trop outragées,
Ie periray moy-mefme, ou vous ferez vangées,
Et i'ay fçeu du Deftin qui fe ligue auec nous,
Qu'Andromede icy bas n'aura iamais d'efpoux.
Il fond au milieu de la mer.

CYMODOCE.

Apres le doux efpoir d'vne telle promeffe,
Reprenons, cheres fœurs, vne entiere allegreffe.

Les Nereïdes fe plongent auffi dans la mer.

FIN DV TROISIEME ACTE.

DECORATION
DV QVATRIEME ACTE.

LES vagues fondent foubs le Theatre, & ces hideufes maffes de pierre dont elles battoient le pied, font place à la magnificence d'vn Palais Royal. On ne le voit pas tout entier, on n'en voit que le Veftibule, ou pluftoft la grande falle, qui doit feruir aux nopces de Perfée & d'Andromede. Deux rãgs de colomnes de chaque cofté, l'un de rondes, & l'autre de quarrées en font les ornements : Elles fõt enrichies de ftatuës de marbre blanc d'vne grandeur naturelle, & leurs bafes, corniches, amortiffemens, eftalent tout ce que peut la iufteffe de l'Architecture : Le frontifpice fuit le mefme ordre, & par trois portes dont il eft percé, fait voir trois allées de Cyprés, où l'œil s'enfonce à perte de veuë. Perfée paroift le premier dans cette falle conduifant Andromede à fon apartement, apres l'auoir obtenuë du Roy & de la Reyne ; & comme fi leur volonté ne fuffifoit pas, il tâche encor de l'obtenir d'elle-mefme par les refpects qu'il luy rend, & les fubmiffions extraordinaires qu'il luy fait.

ACTE IV.

SCENE PREMIERE.

ANDROMEDE, PERSEE, CHOEVR de Nymphes, Suite de Perféc.

PERSEE.

Ve me permettez-vous, Madame, d'ef-
    perer ?
Voftre amour eft-ce vn bien où ie doiue
    afpirer ?
Et puis-ie en cette illuftre & diuine
    journée,
Pretendre iufqu'au cœur que poffedoit Phinée ?

ANDROMEDE.

Laiffez-moy l'oublier puifqu'on me donne à vous,
Et s'il l'a poffedé n'en foyez point ialoux,
Le choix du Roy l'y mit, le choix du Roy l'en
    chaffe,
Ce mefme choix du Roy vous y donne fa place,
N'exigez rien de plus, ie ne fçay point haïr,
Ie ne fçay point aymer, mais ie fça s obeïr,

Ie fçay porter ce cœur à tout ce qu'on m'ordonne,
Il fuit aueuglément la main qui vous le donne,
De forte, grand Heros, qu'apres le choix du Roy,
Ce que vous demandez eft plus à vous qu'à moy.

PERSEE.

Que ie puiffe abufer ainfi de fa puiffance !
Hazarder vos plaifirs fur voftre obeïffance !
Et de liberateur de vos rares beautez
M'eſſeuer en tyran deffus vos volontez !
Princeffe, mon bon-heur vous auroit mal feruie
S'il vous faifoit efclaue en vous rendant la vie,
Et ne vous conferuoit des iours fi precieux
Que pour les attacher fous vn ioug odieux.
C'eft aux courages bas, c'eft aux amants vulgaires,
A faire agir pour eux l'authorité des peres,
Souffrez à mon amour des chemins differents ;
I'ay veu parler pour moy, les Dieux, & vos pa-
　rents;
Ie fens que mon efpoir s'enfle de leur fuffrage,
Mais ie n'en veux enfin tirer autre auantage,
Que de voir cet amour faire hommage à vos yeux
Du choix de vos parents, & du vouloir des
　Dieux.
Ils vous donnent à moy, ie vous rends à vous-
　mefme,
Et comme c'eft voftre heur & non le mien que
　i'ayme,
I'ayme mieux m'expofer à perdre vn bien fi doux
Que de vous obtenir d'vn autre que de vous.
Ie garde cet efpoir, & hazarde le refte,
Et me foit voftre choix, ou propice, ou funefte,
Ie beniray l'Arreft qu'en feront vos defirs,
Si ma mort vous épargne vn peu de déplaifirs.
Rempliffez mon efpoir, ou trompez mon attente,
Ie mourray fans regret, fi vous viuez contente,
Et mon trépas n'aura que d'aymables momens,
S'il vous ofte vn obftacle à vos contentemens.

ANDROMEDE.

C'eſt trop d'eſtre vainqueur dans la meſme journée
Et de ma retenuë, & de ma Deſtinée.
Apres que par le Roy vos vœux ſont exaucez,
Vous parler d'obeïr, c'eſtoit vous dire aſſez :
Mais vous voulez douter afin que ie m'explique,
Et que voſtre victoire en deuienne publique ;
Sçachez donc....

PERSEE.

Non, Madame, où i'ay tant d'intereſt
Ce n'eſt pas deuant moy qu'il faut faire l'Arreſt.
L'excez de vos bontez pourroit en ma preſence
Faire à vos ſentimens vn peu de violence ;
Ce bras vainqueur du Monſtre, & qui vous rend
   le iour,
Pourroit en ma faueur ſeduire voſtre amour ;
La pitié de mes maux pourroit meſme ſurprendre
Ce cœur trop genereux pour s'en vouloir defendre ;
Et le moyen qu'vn cœur, ou ſeduit, ou ſurpris,
Fuſt iuſte en ſes faueurs, ou iuſte en ſes mépris ?
De tout ce que i'ay fait, ne voyez que ma flame,
De tout ce qu'on vous dit, ne croyez que voſtre
   ame,
Ne me reſpondez point, & conſultez-la bien,
Faites voſtre bon-heur ſans aucun ſoin du mien,
Ie luy voudrois du mal s'il retranchoit du voſtre,
S'il vous pouuoit couſter vn ſoûpir pour quel-
   qu'autre,
Et ſi quittant pour moy quelques deſtins meilleurs,
Voſtre deuoir laiſſoit voſtre tendreſſe ailleurs.
Ie vous le dis encor dans ma plus douce attente,
Ie mourray trop content ſi vous viuez contente,
Et ſi l'heur de ma vie ayant ſauué vos iours,
La gloire de ma mort aſſeure vos amours.
Adieu, ie vais attendre ou triomphe, ou ſupplice,
L'vn comme effet de grace, & l'autre de iuſtice.

ANDROMEDE.

A ces profonds respects qu'icy vous me rendez,
Ie ne replique point, vous me le deffendez :
Mais quoy que vostre amour me condamne au si-
lence,
Ie vous diray, Seigneur, malgré vostre deffence,
Qu'vn Heros tel que vous ne sçauroit ignorer,
Qu'ayant tout merité l'on doit tout esperer.

SCENE II.

ANDROMEDE, CHOEVR de Nymphes.

ANDROMEDE.

NYmphes, l'auriez vous creu, qu'en moins d'vne
journée
J'aymasse de la sorte vn autre que Phinée ?
Le Roy l'a commandé, mais de mon sentiment
Ie m'offrois en secret à son commandement,
Ma flame impatiente inuoquoit sa puissance,
Et couroit au deuant de mon obeïssance.
Ie fay plus, au seul nom de mon premier vain-
queur,
L'amour à la colere abandonne mon cœur,
Et ce captif rebelle, ayant brisé sa chaisne,
Va iusques au dédain, s'il ne passe à la hayne.
Que direz-vous d'vn change & si prompt, & si
grand,
Qui dans ce mesme cœur moy-mesme me sur-
prend ?

AGLAN-

AGLANTE.

Que pour faire vn bon-heur promis par tant d'O-
    racles
Cette grande iournée eſt celle des miracles,
Et qu'il n'eſt pas aux Dieux beſoin de plus d'effort,
A changer voſtre cœur, qu'à changer voſtre Sort.
Cet Empire abſolu qu'ils ont deſſus nos ames
Eſteint comme il leur plaiſt & rallume nos flames,
Et verſe dans nos cœurs, pour ſe faire obeïr,
Des principes ſecrets d'aymer & de haïr.
Nous en voyions au voſtre en cette haute eſtime
Que vous nous témoigniez pour ce bras magna-
    nime;
Au defaut de l'amour que Phinée emportoit,
Il luy donnoit deſlors tout ce qui luy reſtoit,
Deſlors ces meſmes Dieux, dont l'ordre s'execute,
Le panchoient du coſté qu'ils préparoient ſa cheute,
Et cette haute eſtime attendant ce beau iour,
N'eſtoit qu'vn beau degré pour monter à l'amour.

CEPHALIE.

Vn digne amour ſuccede à cette haute eſtime,
Si ie puis toutefois vous le dire ſans crime,
C'eſt hazarder beaucoup que croire entierement
L'impetuoſité d'vn ſi prompt changement.   (mes,
Comme pour vous Phinée eut jadis quelques char-
Peut-eſtre il ne luy faut qu'vn ſoûpir & deux lar-
Pour diſſiper vn peu de cette auidité   (mes,
Qui d'vn torrent ſi gros ſuit la rapidité.
Deux amants que ſepare vne legere offence
Reprennent aiſément leur vieille intelligence,
Vous reuerrez en luy ce qui le fit aymer,
Les meſmes qualitez qu'il vous pleuſt eſtimer....

ANDROMEDE.

Et i'y verray de plus cette ame laſche & baſſe
Iuſqu'à m'abandonner à toute ma diſgrace,

Cet ingrat trop aymé qui n'ofa me fauuer,
Qui me voyant perir voulut fe conferuer,
Et creut s'eftre acquité deuant ce que nous fommes
En blafphemant les Dieux , & menaçant les hom-
    mes.
S'il euft .... Mais le voicy, voyons fi fes difcours
Rompront de ce torrent ou groffiront le cours.

SCENE III.

ANDROMEDE, PHINEE, AMMON , CHOEVR de Nymphes , Suite de Phinée.

PHINEE.

SVr vn bruit qui m'eftonne , & que ie ne puis
    croire,
Madame, mon amour jaloux de voftre gloire,
Vient fçauoir s'il eft vray que vous foyez d'ac-
    cord,
Par vn change honteux, de l'Arreft de ma mort.
Non que ie fois furpris que le Roy, que la Reyne,
Suiuent les mouuements d'vne foibleffe humaine;
Tout ce qui me furprend ce font vos volontez.
On vous donne à Perfée, & vous y confentez!
Et toute voftre foy demeure fans defenfe
Alors que de mon bien on fait fa recompenfe!

ANDROMEDE.

Ouy, j'y confents, Phinée, & j'y dois confentir;
Et quel que foit ce bien qu'il a fçeu garantir,

Sans vous faire injuftice on en fait fon falaire,
Quand il a fait pour moy ce que vous deuiez faire.
Mais quel droit auez-vous de nommer voftre vn
    bien
Où voftre peu de cœur ne prétendoit plus rien?
Quoy, vous pouuez fouffrir qu'vn Monftre me de-
    uore,
Et ce Monftre eftant mort ie fuis à vous encore!
Quand ie fors de peril vous reuenez à moy!
Vous auez de l'amour, & ie vous dois ma foy!
C'eftoit de fa fureur qu'il me falloit deffendre,
Si vous vouliez garder quelque droit d'y pre-
    tendre:
Ce demy-Dieu n'a fait, quoy que vous pretendiez,
Que m'arracher au Monftre à qui vous me cediez.
Quittez donc cette vaine & temeraire idée,
Ne me demandez plus quand vous m'auez cedée,
Ce doit eftre pour vous mefme chofe aujourd'huy,
Ou de me voir au Monftre, ou de me voir à luy.

PHINEE.

Qu'ay-ie oublié pour vous de ce que i'ay pû faire?
N'ay-ie pas des Dieux mefme attiré la colere?
Lors que ie vis Æole armé pour m'en punir
Fut-il en mon pouuoir de vous mieux retenir?
N'eurent-ils pas befoin d'vn éclat de tonnerre,
Ses Miniftres aiflez, pour me ietter par terre?
Et voyant mes efforts auorter fans effets,
Quels pleurs n'ay-ie verfez, & quels vœux n'ay-ie
    faits?

ANDROMEDE.

Vous auez donc pour moy daigné verfer des
    larmes,
Lors que pour me defendre vn autre a pris les
    armes!
Et dedans mon peril vos fentiments ingrats
S'amufoient à des vœux quand il falloit des bras!

F ij

PHINEE.

Que pouuois-ie de plus, ayant veu pour Nerée
De vingt amants armez la troupe deuorée?
Deuois-ie encor promettre vn succez à ma main,
Qu'on voyoit au dessus de tout l'effort humain?
Deuois-ie me flatter de l'espoir d'vn miracle?

ANDROMEDE.

Vous deuiez l'esperer sur la foy d'vn Oracle,
Le Ciel l'auoit promis par vn Arrest si doux,
Il l'a fait par vn autre, & l'auroit fait par vous.
Mais quand vous auriez creu vostre perte asseurée,
Du moins ces vingt amants deuorez pour Nerée
Vous laissoient vn exemple, & noble, & glorieux,
Si vous n'eussiez pas craint de perir à mes yeux.
Ils voyoient de leur mort la mesme certitude,
Mais auec plus d'amour & moins d'ingratitude,
Tous voulurent mourir pour leur objet mourant:
Que leur amour du vostre estoit bien different!
L'effort de leur courage a produit vos alarmes,
Vous a reduit aux vœux, vous a reduit aux
    larmes,
Et quoy que plus heureuse en vn semblable sort,
Ie voy d'vn œil jaloux la gloire de sa mort.
Elle auoit vingt amants qui voulurent la suiure,
Et ie n'en auois qu'vn qui m'a voulu suruiure.
Encor ces vingt amants qui vous ont alarmé
N'estoient pas tous aymez, & vous estiez aymé;
Ils n'auoient la pluspart qu'vne foible esperance,
Et vous auiez, Phinée, vne entiere asseurance,
Vous possediez mon cœur, vous possediez ma foy,
N'estoit-ce point assez pour mourir auec moy?
Pouuiez-vous...

PHINEE.

Ah, de grace, imputez-moy, Madame,
Les crimes les plus noirs qu'ose enfanter vne ame,

Mais ne soupçonnez point ce malheureux amant
De vous pouuoir iamais furuiure vn feul moment.
I'épargnois à mes yeux vn funefte fpectacle,
Où mes bras impuiffants n'auoient pû mettre ob-
    ftacle,
Et tenois ma main prefte à feruir ma douleur
Au moindre & premier bruit qu'euft fait voftre
    malheur.

ANDROMEDE.

Et vos refpects trouuoient vne digne matiere
A me laiffer l'honneur de perir la premiere!
Ah! c'eftoit à mes yeux qu'il falloit y courir,
Si vous auiez pour moy cette ardeur de mourir,
Vous ne me deuiez pas enuier cette ioye
De voir offrir au Monftre vne premiere proye:
Vous m'auriez defarmé la mort de fes horreurs,
Vous m'auriez fait du Monftre adorer les fureurs,
Et luy voyant ouurir ce gouffre épouuentable,
Ie l'aurois regardé comme vn port fauorable,
Comme vn viuant fepulchre, où mon cœur amou-
    reux
Euft brûlé de rejoindre vn amant genereux.
I'aurois defaduoüé la valeur de Perfée,
En me fauuant la vie il m'auroit offenfée,
Et de ce mefme bras qu'il m'auroit conferué,
Ie vous immolerois ce qu'il m'auroit fauué,
Ma mort auroit defia couronné voftre perte;
Et la bonté du Ciel ne l'auroit pas foufferte.
C'eft à voftre refus que les Dieux ont remis
En de plus dignes mains ce qu'ils m'auoient
    promis,
Mon cœur euft mieux aymé le tenir de la voftre:
Mais ie vis par vn autre, & viuray pour vn autre.
Vous n'auez pas de lieu d'en deuenir jaloux,
Puifque fur ce rocher j'eftois morte pour vous,
Qui pouuoit le fouffrir, peut me voir fans enuie
Viure pour vn Heros de qui ie tiens la vie,

                                F iij.

Et quand l'amour encor me parleroit pour luy,
Ie ne puis difposer des conqueftes d'autruy.
Adieu.

SCENE IV.

PHINEE, AMMON, Suite de Phinée.

PHINEE.

Vous voulez donc que i'en face la mienne,
Cruelle, & que ma foy de mon bras vous obtienne?
Et bien, nous l'irons voir, ce bien-heureux vain-
queur,
Qui triomphant d'vn Monftre a dompté voftre
cœur:
C'eftoit trop peu pour luy d'vne feule victoire,
S'il n'euft dedans ce cœur triomphé de ma gloire.
Mais fi fa main au Monftre arrache vn bien fi cher,
La mienne à fon bon-heur fçaura bien l'arracher,
Et vainqueur de tous deux en vne feule tefte,
De ce qui fut mon bien ie feray ma conquefte,
La force me rendra ce que ne peut l'amour.
Allons-y, chers amis, & dés ce mefme iour....

AMMON.

Seigneur, auparauant d'vne ame plus remife
Daignez voir le fuccez d'vne telle entreprife.
Sçauez-vous que Perfée eft fils de Iuppiter,
Et qu'ainfi vous auez le foudre à redouter?

PHINEE.

Ie fçay que Danaë fut fon indigne mere,
L'or qui plût dans fon fein l'y forma d'adultere;

Mais le pur fang des Rois n'eſt pas moins precieux,
Ny moins chery du Ciel, que les crimes des Dieux.

AMMON.

Mais vous ne ſçauez pas, Seigneur, que ſon eſpée
De l'horrible Meduſe a la teſte coupée,
Que ſous ſon bouclier il la porte en tous lieux,
Et que c'eſt fait de vous s'il en frappe vos yeux.

PHINEE.

On dit que ce prodige eſt pire qu'vn tonnerre,
Qu'il ne faut que le voir pour n'eſtre plus que
        pierre,
Et n'aguere Atlas qui ne s'en pût cacher,
A cet aſpect fatal deuint vn grand rocher.
Soit vne verité, ſoit vn conte, n'importe,
Si la valeur ne peut, que le nombre l'emporte:
Puis qu'Andromede enfin vouloit me voir perir,
Ou triompher d'vn Monſtre afin de l'acquerir,
Que fiere de ſe voir l'objet de tant d'Oracles
Elle veut que pour elle on face des miracles;
Cette teſte eſt vn Monſtre, auſſi bien que celuy
Dont cet heureux riual la deliure aujourd'huy,
Et nous aurons ainſi dans vn ſeul aduerſaire
Et Monſtres à combatre, & miracles à faire.
Peut-eſtre quelques Dieux prendront noſtre party,
Quoy que de leur Monarque il ſe diſe ſorty,
Et Iunon pour le moins prendra noſtre querelle
Contre l'amour furtif d'vn eſpoux infidelle.

*Iunon ſe fait voir dans vn Char ſuperbe, tiré par
deux Paons, & ſi bien enrichy, qu'il paroiſt digne
de l'orgueil de la Déeſſe qui s'y fait porter. Elle ſe
promene au milieu de l'Air, dont nos Poëtes luy at-
tribuent l'Empire, & y fait pluſieurs tours, tantoſt
à droite, & tantoſt à gauche, cependant qu'elle aſſeure Phinée de ſa protection.*

SCENE V.

IVNON dans son Char au milieu de l'air, PHINEE, AMMON, Suite de Phinée.

IVNON.

N'En doute poinct, Phinée, & cesse d'endurer.

PHINEE.

Elle-mesme paroist pour nous en asseurer!

IVNON.

Ie ne seray pas seule, ainsi que moy Neptune
S'interesse en ton infortune,
Et desia la noire Alecton
Du fond des Enfers déchaisnée,
A par les ordres de Pluton
De mille cœurs pour toy la fureur mutinée:
Fort de tant de seconds, ose, & sers mon couroux
Contre l'indigne sang de mon volage espoux.

PHINEE.

Nous te suiuons, Déesse, & dessous tes auspices
Nous franchirons sans peur les plus noirs préci-
pices.
Que craindrons nous, amis, nous auons Dieux pour
Dieux,
Oracle pour Oracle, & la faueur des Cieux
D'vn contrepoids égal dessus nous balancée
N'est pas entierement du costé de Persée.

IVNON.

Ie te le dis encor , ose , & sers mon couroux
Contre l'indigne sang de mon perfide espoux.

AMMON.

Sous tes commandemens , nous y courons , Deesse,
Le cœur plein d'esperance , & l'ame d'allegresse.
Allons , Seigneur , allons assembler vos amis,
Courons au grand succez qu'elle vous a promis,
Aussi-bien le Roy vient, il faut quitter la place,
De peur . . . .

PHINEE.

Non, demeurez pour voir ce qui se passe,
Et songez à m'en faire vn fidelle rapport,
Tandis que ie m'appreste à cet illustre effort.

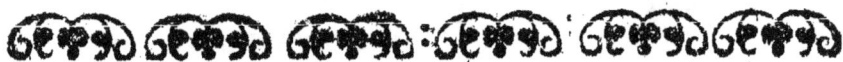

SCENE VI.

CEPHEE, CASSIOPE, ANDROMEDE, PERSEE, AMMON, TIMANTE CHOEVR de Peuple.

TIMANTE.

SEigneur , le souuenir des plus aspres supplices
Quand vn tel bien les suit n'a iamais que de-
lices,
Si d'vn mal sans pareil nous nous vismes surpris,
Nous benissons le Ciel d'vn tel mal à ce prix,

Et voyant quel efpoux il donne à la Princeffe,
La douleur s'en termine en ces chants d'allegreffe.

C H OE V R, *de Mufique.*

Viuez, viuez, heureux amants,
Dans les douceurs que l'amour vous infpire,
Viuez heureux, & viuez fi long-temps,
Qu'au bout d'vn fiecle entier on puiffe encor vous
dire,
Viuez, heureux amants.

Que les plaifirs les plus charmants
Facent les iours d'vne fi belle vie,
Qu'ils foient fans tache, & que tous leurs mo-
ments
Facent redire mefme à la voix de l'Enuie,
Viuez, heureux amants.

Que les peuples les plus puiffants
Dans nos fouhaits à pleins vœux nous fecon-
dent,
Qu'aux Dieux pour vous ils prodiguent l'encens,
Et des bouts de la Terre à l'enuy nous répondent,
Viuez, heureux amants.

C E P H E E.

Allons, amis, allons dans ce comble de ioye
Rendre graces au Ciel de l'heur qu'il nous enuoye,
Allons dedans le Temple auecque mille vœux
De cet illuftre Hymen acheuer les beaux nœuds,
Allons facrifier à Iuppiter fon pere,
Le prier de fouffrir ce que nous allons faire,
Et ne s'offencer pas que ce noble lien
Face vn mélange heureux de fon fang & du mien.

C A S S I O P E.

Souffrez qu'auparauant par d'autres facrifices
Nous nous rendions des eaux les Deïtez propices.

Neptune eſt irrité, les Nymphes de la Mer
Ont de noũueaux ſujets encor de s'animer,
Et comme mon orgueil fit naiſtre leur colere,
Par mes ſubmiſſions ie dois les ſatisfaire.
Sur leurs ſables témoins de tant de vanitez
Ie vay ſacrifier à leurs Diuinitez,
Et conduiſant ma fille à ce meſme riuage,
De ſes meſmes beautez leur rendre vn plein hom-
     mage,
Ioindre nos vœux au ſang des taureaux immolez :
Puis nous vous rejoindrons au Temple où vous
     allez.

PERSEE.

Souffrez qu'en meſme temps de ma fiere maraſtre
Ie taſche d'appaiſer la hayne opiniaſtre,
Qu'vn pareil ſacrifice, & de ſemblables vœux
Tirent d'elle l'adueu qui me peut rendre heureux.
Vous ſçauez que Iunon à ce lien préſide,
Que ſans elle l'Hymen marche d'vn pied timide,
Et que ſa ialouſie ayme à perſecuter
Quiconque ainſi que moy ſort de ſon Iuppiter.

CEPHEE.

Ie ſuis rauy de voir qu'au milieu de vos flames
De ſi dignes reſpects regnent deſſus vos ames :
Allez, j'immoleray pour vous à Iuppiter,
Et ie ne voy plus rien enfin à redouter.
Des Dieux les moins benins l'eternelle puiſſance
Ne veut de nous qu'amour & que recognoiſſance;
Et iamais leur couroux ne monſtre de rigueurs,
Que n'abbate auſſi-toſt l'abaiſſement des cœurs.

FIN DV QVATRIESME ACTE.

DECORATION
DV CINQVIESME ACTE.

L'Architecte ne s'est pas épuisé en la structure de ce Palais Royal qui vient de disparoistre. Le Temple qui luy succede a tant d'aduantage sur luy, qu'il fait mépriser ce qu'on admiroit. Aussi est-il iuste que la demeure des Dieux l'emporte sur celle des hommes, & l'Art du sieur Torelli est icy d'autant plus merueilleux, qu'il fait paroistre vne grande diuersité en ces deux Decorations, quoy qu'elles soient presque la mesme chose. On voit encor en celle-cy deux rangs de colomnes comme en l'autre, mais d'un ordre si different, qu'on n'y remarque aucun rapport. Celles-cy sont de porphyre, & tous les accompagnements qui les soustiennent, & qui les finissent, de bronze cizelé, dont la graueure represente quantité de Dieux & de Déesses. La reflexion des lumieres sur ce bronze en fait sortir vn iour tout extraordinaire. Vn grand & superbe Dome couure le milieu de ce Temple magnifique. Il est par tout enrichy du mesme metal, & au deuant de ce Dome l'artifice de l'ouurier iette vne gallerie toute brillante d'or & d'azur. Le dessous de cette Gallerie laisse voir le dedans du Temple par trois portes d'argent ouuragées à iour. On y verroit Cephée sacrifiant à Iuppiter pour le mariage de sa fille, n'estoit que l'attention que les spectateurs presteroient à ce sacrifice les destourneroit de celle qu'ils doiuent à ce qui se passe dans le paruis, que represente le Theatre.

ACTE

ACTE V.

SCENE PREMIERE.

PHINEE, AMMON.

AMMON.

Os amis assemblez brûlent tous de vous
    suiure,
Et Iunon dans son Temple entre vos
    mains le liure:
Ce riual presque seul au pied de son
    Autel
Semble attendre à genoux l'honneur du coup mor-
    tel.
Là, comme la Deesse agréera la victime,
Plus les lieux seront saints, moindre en sera le
    crime,
Et son adueu changeant de nom à l'attentat,
Ce sera sacrifice au lieu d'assassinat.

PHINEE.

Que me sert que Iunon, que Neptune propice,
Que tous les Dieux ensemble ayment ce sacrifice,
Si la seule Deesse à qui ie fay des vœux
Ne m'en voit que d'vn œil d'autāt plus rigoureux,
Et si ce coup sensible au cœur de l'inhumaine
D'vn injuste mépris fait vne iuste hayne?

G

Amy, quelque fureur qui puiffe m'agiter,
Ie cherche à l'acquerir, & non à l'irriter,
Et m'immoler l'objet de fa nouuelle flame
Ce n'eft pas le chemin de regaigner fon ame.

AMMON.

Mais, Seigneur, vous touchez à ce moment fatal
Qui pour iamais la donne à cet heureux riual:
En cette extremité que pretendez-vous faire?

PHINEE.

Tout horfmis l'irriter, tout horfmis luy déplaire:
Soûpirer à fes pieds, pleurer à fes genoux,
Trembler deüant fa haine, adorer fon couroux.

AMMON.

Quittez, quittez, Seigneur, vn refpect fi funefte,
Oftez-vous ce riual, & hazardez le refte:
En dûft-elle à iamais dédaigner vos foûpirs,
La vengeance elle feule à de fi doux plaifirs....

PHINEE.

N'en cherchons les douceurs, amy, que les der-
    nieres,
Rarement vn amant les peut goufter entieres,
Et quand de fa vengeance elles font tout le fruit,
Ce font fauffes douceurs que l'amertume fuit.
La mort de fon riual, les pleurs de fon ingrate
Ont bien ie ne fçay quoy qui dans l'abord le flatte;
Mais de ce cher objet s'en voyant plus hay,
Plus il s'en eft flatté, plus il s'en croit trahy,
Sous d'eternels regrets fon ame eft abbatuë,
Et fa propre vengeance inceffamment le tuë.
Ce n'eft pas que ie veüille enfin la negliger,
Si ie ne puis fléchir ie cours à me vanger,
Mais fouffre à mon amour, mais fouffre à ma foi-
    bleffe
Encor vn peu d'effort auprés de ma Princeffe,

Vn amant veritable espere iusqu'au bout,
Tant qu'il voit vn moment qui peut luy rendre
    tout.
L'inconstante peut-estre encor toute estonnée
N'estoit pas bien à soy quand elle s'est donnée,
Et la recognoissance a fait plus que l'amour
En faueur d'vne main qui luy rendoit le iour.
Au sortir du peril passe encore & tremblante,
L'image de la mort deuant les yeux errante,
Elle a creu tout deuoir à son liberateur :
Mais souuent le deuoir ne donne pas le cœur,
Il agit rarement sans vn peu d'imposture,
Et fait peu de presents dont ce cœur ne murmure.
Peut-estre, amy, peut-estre apres ce grand effroy
Son amour en secret aura parlé pour moy,
Les traits mal effacez de tant d'heureux seruices,
Les douceurs d'vn beau feu qui furent ses delices,
D'vn regret amoureux touchant son souuenir,
Auront en ma faueur surpris quelque soûpir,
Qui s'échappant d'vn cœur qu'elle force à ma perte,
M'en aura pû laisser la porte encor ouuerte.
Ah ! si ce triste Hymen se pouuoit esloigner.

AMMON.

Quoy, vous voulez encor vous faire dédaigner ?
Sous ce honteux espoir vostre fureur se dompte?

PHINEE.

Que veux-tu ! ne sois point le témoin de ma honte,
Andromede reuient, va trouuer nos amis,
Va preparer leurs bras à ce qu'ils m'ont promis.
Ou mes nouueaux respects fléchiront l'inhumaine,
Ou ses nouueaux mépris animeront ma hayne,
Et tu verras mes feux changez en iuste horreur
Armer mes desespoirs & haster ma fureur.

AMMON.

Ie vous plains, mais enfin j'obeïs, & vous laisse.

SCENE II.

CASSIOPE, ANDROMEDE, PHINEE, Suite de la Reyne.

PHINEE.

Vne seconde fois, adorable Princesse,
  Malgré de vos rigueurs l'imperieuse loy....

ANDROMEDE.

Quoy, vous voyez la Reyne, & vous parlez à moy?

PHINEE.

C'est de vous seule aussi que i'ay droit de me
    plaindre,
Ie serois trop heureux de la voir vous contraindre,
Et n'accuserois plus vostre infidelité
Si vous vous excusiez sur son authorité.
Au nom de cette amour autrefois si puissante,
Aydez vn peu la mienne à vous faire innocente,
Dites-moy que vostre ame à regret obeït,
Qu'vn rigoureux deuoir malgré vous me trahit,
Donnez-moy lieu de dire, *elle-mesme elle en pleure,*
Elle change forcée, & son cœur me demeure,
Et soudain de la Reyne embrassant les genoux
Vous m'y verrez mourir sans me plaindre de vous.
Mais que luy puis-ie, helas! demander pour remede,
Quand la main qui me tuë est celle d'Andromede,
Et que son cœur leger ne court au changement
Qu'auec la vanité d'y courir iustement?

CASSIOPE.

Et quel droit fur ce cœur pouuoit garder Phinée,
Quand Perfée a trouué la place abandonnée,
Et n'a fait autre chofe en prenant fon party
Que s'emparer d'vn lieu d'où vous eftiez forty?
Mais forty (le diray-ie , & pourrez-vous l'en-
      tendre ?)
Oüy, forty lafchement, de peur de le defendre.
Ainfi nous n'auons fait que le recompenfer
D'vn bien où voftre bras venoit de renoncer,
Que vous cediez au Monftre , à luy-mefme , à tout
Si c'eft vne injuftice, examinons la voftre. (autre:
      La voyant expofée aux rigueurs de fon fort,
Vous vous eftiez defia confolé de fa mort;
Et quand par vn Heros le Ciel l'a garantie,
Vous ne vous pouuez-plus confoler de fa vie.

PHINEE,

Ah ! Madame...

CASSIOPE.

                  Et bien, foit, vous auez foûpiré
Autant que l'a pû faire vn cœur defefperé,
Iamais aucun tourment n'égala voftre peine;
Certes , quelque douleur dont voftre ame fuft
      pleine,
Ce defefpoir illuftre & ces nobles regrets
Luy deuoient vn peu plus que des foûpirs fecrets.
A ce defaut Perfée...

PHINEE,

              Ah ! c'en eft trop, Madame,
Ce nom rend malgré-moy la fureur à mon ame,
Ie me force au refpect, mais toufiours le vanter
C'eft me forcer moy-mefme à ne rien refpecter.
Qu'a-t'il fait apres tout fi digne de vous plaire
Qu'auec vn tel fecours tout autre n'euft pû faire,

                                    G iij

Et tout Heros qu'il eſt, qu'euſt-il oſé pour vous,
S'il n'euſt eu que ſa flame & ſon bras comme nous?
Mille & mille auroient fait des actions plus belles
Si le Ciel comme à luy leur euſt preſté des aiſles,
Et vous les auriez veus encor plus genereux,
S'ils euſſent veu le Monſtre & le peril ſous eux.
On s'expoſe aiſément quand on n'a rien à craindre,
Combattre vn ennemy qui ne pouuoit l'atteindre,
Voir ſa victoire ſeure & daigner l'accepter,
C'eſt tout le rare exploit dont il ſe peut vanter;
Et ie ne comprens point, ny quelle en eſt la gloire,
Ny quel grand prix merite vne telle victoire.

CASSIOPE.

Et voſtre aueuglement ſera bien moins compris,
Qui d'vn ſujet d'eſtime en fait vn de mépris.
Le Ciel qui mieux que nous cognoiſt ce que nous
   ſommes
Meſure ſes faueurs au merite des hommes,
Et d'vn pareil ſecours vous auriez eu l'appuy
S'il euſt pû voir en vous meſmes vertus qu'en luy.
Ce ſont graces d'enhaut rares & ſingulieres,
Qui n'en deſcendent point pour des ames vulgaires,
Ou pour en mieux parler, la iuſtice des Cieux
Garde ce priuilege au digne ſang des Dieux,
C'eſt par là que leur Roy vient d'aduoüer leur race.

ANDROMEDE.

Ie diray plus, Phinée, & pour vous faire grace,
Ie veux ne rien deuoir à cet heureux ſecours
Dont ce vaillant guerrier a conſerué mes iours;
Ie veux fermer les yeux ſur toute cette gloire,
Oublier mon peril, oublier ſa victoire,
Et quel qu'en ſoit enfin le merite ou l'éclat,
Ne iuger entre vous que depuis le combat.
  Voyez ce qu'il a fait lors qu'apres ces alarmes
Me voyant toute acquiſe au bon-heur de ſes
  armes,

Ayant pour luy les Dieux, ayant pour luy le Roy,
Dans ſa victoire meſme il s'eſt vaincu pour moy.
Il m'a ſacrifié tout ce haut auantage,
De toute ſa conqueſte il m'a fait vn hommage,
Il m'en a fait vn don, & fort de tant de voix,
Au peril de tout perdre il met tout à mon choix,
Il veut tenir pour grace vn ſi iuſte ſalaire,
Il reduit ſon bon-heur à ne me point déplaire,
Préferant mes refus, préferant ſon trépas
A l'effet de ſes vœux qui ne me plairoit pas.
   En vſez-vous de meſme, & voſtre violence
Garde-t'elle pour moy la meſme déference?
Vous auez contre vous & les Dieux, & le Roy,
Et vous voulez encor m'obtenir malgré moy!
Sous ombre d'vne foy que vous n'auez pû ſuiure
Ie dois à voſtre amour ce qu'vn autre deliure!
A moins que d'eſtre ingrate à mon liberateur,
A moins que d'adorer vn lâche adorateur,
Que d'eſtre à mes parents, aux Dieux meſmes re-
  belle,
Vous crierez apres moy ſans ceſſe, *à l'infidell !*
  C'eſtoit aux yeux du Monſtre, au pied de ce
  rocher
Que l'effet de ma foy ſe deuoit rechercher.
Mon ame encor pour vous de meſme ardeur preſſée
Vous euſt tendu la main au mépris de Perſée,
Et creu plus glorieux qu'on m'euſt veuë aujour-
  d'huy
Mourir auecque vous, que viure auecque luy:
Mais puiſque vous m'auez enuié cette ioye,
Ceſſez de m'enuier ce que le Ciel m'enuoye,
Et ſouffrez que ie taſche enfin à meriter
Au refus de Phinée vn fils de Iuppiter.

PHINEE.

Ie perds donc temps, Madame, & voſtre ame
  obſtinée
N'a plus amour, ny foy, ny pitié pour Phinée?

Vn peu de vanité qui flatte vos parents,
Et d'vn riual adroit les respects apparents,
Font plus en vn moment auec leurs artifices
Que n'ont fait en six ans ma flame & mes seruices?
Ie ne vous diray point que de pareils respects
A toute autre que vous pourroient estre suspects,
Que qui peut se priuer de la personne aymée
N'a qu'vne ardeur ciuile & fort mal allumée,
Que dans ma violence on doit voir plus d'amour;
C'est vn present des Cieux, faites-luy vostre Cour,
Plus fidele qu'à moy, tenez luy mieux parole.
I'en vay rougir pour vous cependant qu'il me vole:
Mais ce riual peut-estre, apres m'auoir volé,
Ne sera pas tousiours sur ce cheual aislé.

ANDROMEDE.

Il n'en a pas besoin s'il n'a que vous à craindre.

PHINEE.

Il peut auec le temps estre le plus à plaindre.

ANDROMEDE.

Il porte à son costé dequoy l'en garantir.

PHINEE.

Vous l'attendez icy, ie vay l'en auertir.

CASSIOPE.

Son amour peut sans vous nous rendre cet office.

PHINEE.

Le mien s'efforcera pour ce dernier seruice,
Vous pouuez cependant diuertir vos esprits
A rendre conte au Roy de vos iustes mépris.

SCENE III.

CEPHEE, CASSIOPE, ANDROMEDE, Suite du Roy & de la Reyne.

CEPHEE.

Qve faisoit-là Phinée ? est-il si temeraire
Que ce que font les Dieux il pense à le dé-
faire ?

CASSIOPE.

Apres auoir prié, soûpiré, menacé,
Il vous a veu, Seigneur, & l'orage a passé.

CEPHEE.

Et vous prestiez l'oreille à ses discours friuoles ?

CASSIOPE.

Vn amant qui perd tout peut perdre des paroles,
Et l'écouter sans trouble & sans rien hazarder,
C'est la moindre faueur qu'on luy puisse accorder.
Mais, Seigneur, dites-nous si Iuppiter propice
Se declare en faueur de vostre sacrifice,
Si de nostre famille il se rend le soûstien,
S'il consent l'vnion de nostre sang au sien ?

CEPHEE.

Iamais les feux sacrez & la mort des victimes
N'ont daigné mieux répondre à des vœux legi-
times,

Tous aufpices heureux, & le grand Iuppiter
Par des fignes plus clairs ne pouuoit l'accepter,
A moins qu'y joindre encor l'honneur de fa pre-
fence,
Et de fa propre bouche affeurer l'alliance.

CASSIOPE.

Les Nymphes de la Mer nous en ont fait autant.
Toutes ont hors des flots paru prefque à l'inftant,
Et leurs benins regards enuoyez au riuage
Auecque noftre encens ont receu noftre hommage.
Apres le facrifice honoré de leurs yeux
Où Neptune à l'enuy mefloit fes demy-Dieux,
Toutes ont témoigné d'vn panchement de tefte
Confentir au bon-heur que le Ciel nous aprefte,
Et nos fubmiffions defarmant leurs dédains
Toutes ont pour Adieu battu l'onde des mains.
Que fi mefme bon-heur fuit les vœux de Perfée,
Qu'il ait veu de Iunon fa priere exaucée,
Nous n'auons plus à craindre aucun finiftre effet.

CEPHEE.

Les Dieux ne laiffent point leur ouurage imparfait,
N'en doutez point, Madame, auffi-bien que Ne-
ptune
Iunon confentira noftre bonne fortune.
Mais que nous veut Aglante?

SCENE IV.

CEPHEE, CASSIOPE, ANDROMEDE, AGLANTE,
Suite du Roy & de la Reyne.

AGLANTE.

AH Seigneur, au secours,
Du genereux Persée on attaque les iours.
Presque au sortir du Temple vne troupe mutine
Vient de l'enuironner & desia l'assassine.
Phinée en les joignant furieux & jaloux,
Leur a crié, *main basse, à luy seul, donnez tous.*
Ceux qui l'accompagnoient tout aussi-tost se rendent,
Clyte & Nylée encor vaillamment le defendent,
Mais ce sont vains efforts de peu d'autres suiuis,
Et ie viens toute en pleurs vous en donner aduis.

CASSIOPE.

Dieux, est-ce-là l'effet de tant d'heureux présages?
Allez, Gardes, allez signaler vos courages,
Allez perdre ce traistre, & punir ce voleur
Qui pretend sous le nombre accabler la valeur.

CEPHEE.

Moderez vos frayeurs, & vous, sechez vos larmes.
Le Ciel n'a point besoin du secours de nos armes,
Il a de ce Heros trop pris les interests
Pour n'auoir pas pour luy des miracles tous
prests,

Et peut-eftre bien-toft fur ce lafche aduerfaire
Vous entendrez tomber le foudre de fon pere.
Iugez de l'aduenir par ce qui s'eft paffé,
Les Dieux acheueront ce qu'ils ont commencé,
Oüy, les Dieux à leur fang doiuent ce priuilege,
Y mefler noftre main c'eft faire vn facrilege.

CASSIOPE.

Seigneur, fur cet efpoir hazarder ce Heros,
C'eft trop...

SCENE V.

CEPHEE, CASSIOPE, ANDROMEDE, PHORBAS, AGLANTE, Suite du Roy & de la Reyne.

PHORBAS.

Mettez, grand Roy, voftre efprit en repos,
La tefte de Medufe a puny tous ces traiftres.

CEPHEE.

Le Ciel n'eft point menteur, & les Dieux font nos
maiftres.

PHORBAS.

Auffi-toft que Perfée a pû voir fon riual,
Defcendons, a-t'il dit, en vn combat égal,
Quoy que i'aye en ma main vn entier auantage,
Ie ne veux que mon bras, ne pren que ton cou-
rage.

Prens,

Prens, prens cet auantage, & j'vseray du mien,
Dit Phinée, & soudain sans plus répondre rien,
Les siens donnent en foule, & leur tronpe pressée
Fait choir Menale & Clyte aux pieds du grand
     Persée.
Il s'écrie aussi-tost, *amis, fermez les yeux,*
Et sauuez vos regards de ce present des Cieux,
I'atteste qu'on m'y force, & n'en fais plus d'excuse.
Il découure à ces mots la teste de Meduse.
Soudain j'entens des cris qu'on ne peut acheuer,
I'entens gemir les vns, les autres se sauuer,
I'entens le repentir succeder à l'audace,
I'entens Phinée enfin qui luy demande grace.
Perfide, il n'est plus temps, luy dit Persée. Il fuit ;
I'entens comme à grands pas ce vainqueur le pour-
     suit,
Comme il court se varger de qui l'osoit surprédre,
Ie l'entens s'éloigner, puis ie cesse d'entendre.
Alors ouurant les yeux par son ordre fermez,
Ie voy tous ces méchans en pierre transformez,
Mais l'vn plein de fureur, & l'autre plein de crainte,
En portent sur le front l'image encor empreinte,
Et tel vouloit frapper, dont le coup suspendu
Demeure en sa statuë à demy descendu,
Tant cet affreux prodige....

H

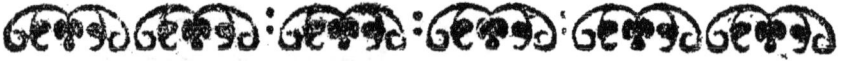

SCENE VI.

CEPHEE, CASSIOPE,
ANDROMEDE, PERSEE,
PHORBAS, AGLANTE,
Suite du Roy & de la Reyne.

CEPHEE *à Persée.*

Est-il puny, ce lasche,

Cet impie ?

PERSEE.

Oüy, Seigneur, & si sa mort vous fasche,
Si c'est de vostre sang auoir fait peu d'estat....

CEPHEE.

Il n'est plus de ma race apres son attentat,
Ce crime l'en dégrade, & ce coup temeraire
Efface de mon sang l'illustre caractere.
Perdons-en la memoire, & faisons-la ceder
A l'heur de vous reuoir & de vous posseder ;
Vous que le iuste Ciel remplissant son Oracle
Par miracle nous donne & nous rend par miracle.
Entrons dedans ce Temple, où l'on n'attend que
    vous
Pour nous vnir aux Dieux par des liens si doux,
Entrons sans differer.
    Les portes se ferment comme ils veulent entrer.
                    Mais quel nouueau prodige
Dans cet excez de ioye à craindre nous oblige ?

Qui nous ferme la porte, & nous defend d'entrer
Où tout noſtre bon-heur ſe deuoit rencontrer?

PERSEE.

Puiſſant maiſtre du foudre, eſt-il quelque tempeſte
Que le Deſtin ialoux à diſſiper m'apreſte ?
Quelle nouuelle eſpreuue attaque ma vertu ?
Apres ce qu'elle a fait la deſaduoüerois-tu ?
Ou ſi c'eſt que le prix dont tu la vois ſuiuie
Au bon-heur de ton fils te fait porter enuie ?

SCENE VII.

MERCVRE, CEPHEE, CASSIOPE, ANDROMEDE, PERSEE, PHORBAS, AGLANTE, Suite du Roy & de la Reyne.

MERCVRE *au milieu de l'air.*

ROy, Reyne, & vous Princeſſe, & vous heureux
   Que Iuppiter mon pere   (vainqueur,
   Tient pour mon digne frere,
Ne craignez plus du Sort la ialouſe rigueur :
   Ces portes du Temple fermées,
   Dont vos ames ſont alarmées,
Vous marquent des faueurs où tout le Ciel cõſent:
Tous les Dieux ſont d'accord de ce bon-heur ſupré-
   Et leur Monarque tout-puiſſant   (me,
   Vous le vient apprendre luy-meſme.

    Mercure reuole en haut apres auoir parlé.

CASSIOPE.

Redoublons donc nos vœux, redoublons nos fer-
ueurs,
Pour meriter du Ciel ces nouuelles faueurs.

CHOEVR *de Mufique.*

Maiftre des Dieux, hafte-toy de paroiftre,
Et de verfer fur ton fang & nos Roys
Les graces que garde ton choix
A ceux que tu fais naiftre.

Fay choir fur eux de nouuelles couronnes,
Et fay-nous voir par vn heur accomply,
Qu'ils ont tous dignement remply
Le rang que tu leur donnes.

*Tandis qu'on chante, Iuppiter defcend du Ciel
dans vn Trône tout éclatant d'or & de lumieres,
enfermé dans vn nuage qui l'enuironne. A fes deux
coftez deux autres nuages apportent iufqu'à terre
Iunon & Neptune appaifez par les facrifices de
nos amants, & fe déployant en demy-rond autour
de celuy de Iuppiter, font le plus agreable fpectacle
de toute cette reprefentation, & occupent toute la
face du Theatre.*

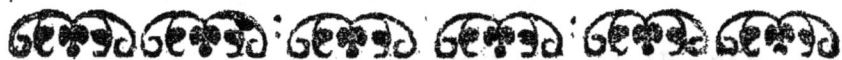

SCENE VIII.

IVPPITER, IVNON, NEPTVNE,
CEPHEE, CASSIOPE,
ANDROMEDE, PERSEE,
PHORBAS, AGLANTE,
Suite du Roy & de la Reyne.

IVPPITER *dans son Trône au milieu de l'air.*

DEs nopces de mon fils la terre n'est pas digne,
La gloire en appartient aux Cieux,
Et c'est là ce bon-heur insigne
Qu'en vous fermant mon Temple ont annoncé les
Dieux.
Roy, Reyne, & vous amants, venez sans jalousie
Viure à iamais en ce brillant sejour,
Où le Nectar & l'Ambrosie
Vous seront comme à nous prodiguez chaque iour:
Et quand la nuit aura tendu ses voiles,
Vos corps semez de nouuelles estoiles
Du haut du Ciel éclairant aux mortels,
Leur apprendront qu'il vous faut des Autels.

IVNON *à Persée.*

Iunon mesme y consent, & vostre sacrifice
A calmé les fureurs de son esprit jaloux.

NEPTVNE *à Cassiope.*

Neptune n'est pas moins propice,
Et vos encens desarment son couroux.

IVNON.

Venez , Heros , & vous Cephée,
Prendre là haut vos places de ma main.

NEPTVNE.

Reynes , venez , que ma haine eſtouffée
Vous conduiſe elle-meſme à cet heur ſouuerain.

PERSEE.

Accablez & ſurpris d'vne faueur ſi grande. . . .

IVNON.

Arreſtez là voſtre remerciment,
L'obeïſſance eſt le ſeul compliment
Qu'agrée vn Dieu quand il commande.

Si-toſt que Iunon a dit ces vers, elle fait prendre place au Roy & à Perſée auprés d'elle, Neptune fait le meſme honneur à la Reyne & à la Princeſſe Andromede , & tous enſemble remontent dans le Ciel qui les attend, cependant que le peuple pour acclamation puplique chante ces vers qui viennent d'eſtre prononcez par Iuppiter.

Allez, amants, allez ſans jalouſie
Viure à iamais en ce brillant ſejour,
Où le Nectar & l'Ambroſie
Vous ſeront comme aux Dieux prodiguez chaque
iour :
Et quand la nuit aura tendu ſes voiles,
Vos corps ſemez de nouuelles eſtoiles
Du haut du Ciel éclairant aux mortels,
Leur apprendront qu'il vous faut des Autels.

FIN.

PRIVILEGE DV ROY.

LOVIS par la grace de Dieu Roy de France & de Nauarre : A nos amez & feaux Conseillers les Gens tenans nos Cours de Parlement, Maistres des Requestes ordinaires de nostre Hostel, Baillifs, Seneschaux, Preuosts, leurs Lieutenans, & à tous autres nos Iusticiers & Officiers qu'il appartiendra, Salut. Nostre cher & bien-amé le Sieur CORNEILLE, Nous a fait remonstrer qu'il à composé deux pieces de Theatre, l'vne intitulée *Andromede*, & l'autre *D. Sanche d'Arragon*, lesquelles il est sollicité de faire imprimer pour les donner au public ; & d'autant que cela ne se peut sans grands frais, il nous a supplié de luy accorder nos Lettres sur ce necessaires. A CES CAVSES, Nous auons permis & permettons par ces presentes à l'Exposant, de faire imprimer, vendre & debiter en tous les lieux de nostre obeïssance, par tel Imprimeur qu'il voudra choisir, lesdites deux pieces d'Andromede & de D. Sanche d'Arragon, auec figures ou sans figures, conjointement ou separément, en telles marges, en tels caracteres, & autant de fois que bon luy semblera, durant l'espace de dix ans entiers & accomplis, à compter du iour que chacune sera acheuée d'imprimer pour la premiere fois. Et faisons tres-expresses defences à toutes personnes de quelque qualité & condition qu'elles soient, d'imprimer, vendre ny debiter ny l'vne ny l'autre sans le consentement de l'Exposant, ou de ceux qui auront son droit, sous pretexte d'augmentation, correction, changement de tiltres, fausses marques, ou autrement en quelque forte & maniere que ce foit, à peine de Quinze cens liures d'amende, applicables vn tiers à Nous, vn tiers aux Hoftels-Dieu des lieux où fe feront les faifies, & l'autre tiers à l'Expofant, ou au Libraire dont il fe fera feruy ; de confifcation des exemplaires contrefaits, & de tous dépens, dommages & interefts : A condition qu'il fera mis deux des Exemplaires qui feront imprimez en vertu des prefentes, en noftre Bibliotheque publique, & vn en celle du fieur de Chafteauneuf Chancelier, Garde des Seaux de France, auant que de les expofer en vente, à peine de nullité des prefentes. Du contenu defquelles Nous voulons & vous mandons que vous faciez joüir pleinement, paifiblement & perpetuellement l'Expofant, & ceux qui auront droict de luy, fans fouffrir qu'il leur foit fait ny donné aucun empefchement. Voulons aufli qu'en mettant au commencement ou à la fin de chacune defdites Pieces vn Extrait des prefentes, elles foyët tenuës pour deuëment fignifiées, & que foy y foit adjouftée, & aux coppies collationnées par l'vn de nos amez & feaux Confeillers & Secretaires, comme à l'Original : Mandons au premier noftre Huiffier ou Sergent fur ce requis, de faire pour l'execution des prefentes tous exploits neceffaires, fans demander autre permiffion : C A R tel eft noftre plaifir. D O N N E à Paris le onziéme iour d'Avril l'an de grace mil fix cens cinquante : Et de noftre Regne le feptiefme. Par le Roy en fon Confeil, figné CONRART. Et fcellé fur fimple queuë du grand feau de cire jaulne.

Les Exemplaires ont efté fournis.

Acheué d'imprimer à Roüen par Laurens Maurry, le 13. d'Aouft mil fix cens cinquante.

www.ingramcontent.com/pod-product-compliance
Lightning Source LLC
Chambersburg PA
CBHW060634100426
42744CB00008B/1625